传统文化融入
高校思想教育的课程设计

赵文静　卢凤菊　丁大尉◎编著

科 学 出 版 社

北　京

内 容 简 介

本书聚焦大学生思想教育中的重点问题，如大学生思想道德教育、中国古代治理智慧在现代化治理中的传承等，收集中华优秀传统文化相关的教学案例，挖掘其中蕴含的思想观念、人文精神、道德规范，将其融入高校思想教育课程，以丰富教学内容，提高教学效果。设计“主要内容分析”“教育教学中传统文化相关问题”“中华传统文化集萃”“延伸阅读”等教学模块，作为高校思想教育与中华优秀传统文化融合的“切入点”。本书旨在使大学生思想政治教育内容结构更合理，加强道德性、文化性的内容；弥补教师自身对传统文化及经典著作的知识储备不足；提升学生对传统文化的接受意趣，提高思想教育教学效果。

本书适合高校思想文化教育、思想政治教育的教师和学生，中小学德育课教师，以及对传统文化感兴趣的读者。

图书在版编目（CIP）数据

传统文化融入高校思想教育的课程设计/赵文静，卢凤菊，丁大尉编著. —北京：科学出版社，2021.8

ISBN 978-7-03-069914-5

Ⅰ.①传… Ⅱ.①赵… ②卢… ③丁… Ⅲ.①高等学校-思想政治教育-课程设计-研究-中国 Ⅳ.①G641

中国版本图书馆 CIP 数据核字（2021）第 197123 号

责任编辑：侯俊琳 刘红晋 / 责任校对：韩 杨

责任印制：李 彤 / 封面设计：有道文化

科学出版社 出版

北京东黄城根北街 16 号

邮政编码：100717

http://www.sciencep.com

北京虎彩文化传播有限公司 印刷

科学出版社发行 各地新华书店经销

*

2021 年 8 月第 一 版 开本：720×1000 1/16

2022 年 1 月第二次印刷 印张：9 1/2

字数：100 000

定价：68.00 元

（如有印装质量问题，我社负责调换）

目　录

第一章

传统文化融入大学生思想道德教育

第一节　领悟人生真谛

一、主要内容分析

人生观是人们对人生的总看法和总观点，它决定着人生道路的方向，也决定着人们行为选择的价值取向，以及对待生活的态度。大学时代是大学生形成正确人生观的关键时期，怎样才能不虚度人生，是每个大学生都要面对的问题。青年大学生要深入思考人的本质，人生目的，应该以什么样的态度对待人生，什么样的人生更有价值，树立起服务人民、奉献社会的科学高尚的人生观，在服务人民、奉献社会的实践中创造和实现人生价值。

二、教育教学中传统文化相关问题

1. 中国古代对于“人是什么”这一问题的探索

树立正确的人生观，首先需要对“人是什么”和“人的本质是什么”等问题有科学的认识。在我国古代思想史上，有许多思想家在回答这个问题时进行了深刻思考，提出了独到的见解，为揭示人的本质提供了丰富的可借鉴的思想资料。

战国时期思想家告子主张性无善无恶论，他说：“生之谓性”“食色性也”。认为人性是生而具有的，其内容就是“食色”，性无善无恶。告子还说：“性犹湍水也，决诸东方则东流，决诸西方则西流。人性之无分于善不善也，犹水之无分于东西也。”（《孟子·告子上》）

孟子与告子进行了激烈的论战，提出了性善论的主张。他认为，每个人生来就有仁义礼智的萌芽，即善端。“恻隐之心，仁之端也；羞恶之心，义之端也；辞让之心，礼之端也；是非之心，智之端也。”（《孟子·公孙丑上》）孟子的性善论，将人性与动物之性、人性与神性区别开来，是对人性认识的深化。

2. 超越小我，利济苍生的人生观

明末清初的思想家颜元主张，人的一生应该以“斡旋乾坤，利

济苍生”为己任，努力做有德行的圣贤。颜元认为，一个人在选择人生目标时，应该以“大人自命”，立志作圣。“父母生成我此身，原与圣人之体同；天地赋与我此心，原与圣人之性同。若以小人自甘，便辜负天地之心，父母之心矣。常以大人自命，自然有志，自然心活，自然精神起。”（《存学编》卷一）圣人并非遥不可及，圣人与庸人的区别仅在于肯不肯立志用功。他说：“圣人是肯做功夫的庸人，庸人是不肯做功夫的圣人。”（《习斋先生言行录》卷上）

人生目的是人生观的核心，是对“人为什么活着”这一人生根本问题的认识和回答。对这个问题的不同回答，决定一个人的人生道路、人生态度和人生价值取向。在我国传统文化中，那些超越了个人“小我”的仁人志士，表现出的不为狭隘私心所扰、不为浮华名利所累、不为低俗物欲所惑，心怀百姓、为民请命的胸怀和情操，对我们确立科学高尚的人生观具有借鉴意义。

三、中华优秀传统文化集萃

1. 太上有立德，其次有立功，其次有立言。

【注释】该句出自《左传·襄公二十四年》。意思是，人生最高的境界是树立德行，其次是建功立业，然后是著书立说。个人不应只为自己活着，而应为群体着想，承担起应尽的责任，有所作为，为社会作出有益贡献。

2. 德莫高于爱民，行莫贱于害民。

【注释】该句出自《晏子春秋·内篇问下》。叔向与晏子就何为高尚与卑劣进行问答，晏子的观点是：最高尚的意愿，莫过于爱民；最卑劣的意愿，莫过于刻薄百姓；最低贱的行为，莫过于戕害百姓。在我国历史上，正己爱民始终是一种备受推崇的高尚风范。

3. 人固有一死，或重于泰山，或轻于鸿毛。

【注释】该句出自西汉时期司马迁的《报任安书》。意思是，人终究是要死的，但死的价值不同，有的人的死比泰山还重，有的人的死比鸿毛还轻。这句话表现了司马迁遭腐刑之辱境遇下的生死观，也常用来比喻人生价值的轻重悬殊。1944 年毛泽东同志《为人民服务》一文中引用此句。

4. 人生自古谁无死，留取丹心照汗青。

【注释】该句出自南宋文天祥的《过零丁洋》。大意是说，自古以来，人都不免一死，但怀有一颗爱国之心，能够为国尽忠，死后仍可光照千秋，青史留名，表达了文天祥的民族气节。儒家的生死观是中国传统生死观的主流，它培育塑造了无数志士仁人，在历史上产生了深刻影响。

5. 沉舟侧畔千帆过，病树前头万木春。

【注释】该句出自刘禹锡的《酬乐天扬州初逢席上见赠》。虽然人生道路上总会遇到各种困难，但是困难只是暂时的。这句诗表现出的是一种豁达进取、奋发向上的乐观主义精神。

6. 一勤天下无难事。

【注释】该句出自清代钱德苍《解人颐·勤懒歌》。这首《勤懒歌》是对古代的士、农、工、商进行劝勤戒懒。人世间的美好梦想，只有通过辛勤劳动才能实现；劳动是财富的源泉，也是幸福的源泉。

7. 塞翁失马，焉知非福。

【注释】该句出自西汉刘安《淮南子·人间训》。丢失马匹未必是祸，而马匹寻回未必是福。说明得到不一定是好事，失去也不一定是坏事，树立正确的得失观，使一时的成败得失成为人生的财富。

8. 人有耻，则能有所不为。

【注释】该句出自朱熹《朱子语类》卷十三。大意是一个人有了羞耻心，就能不做那些不该做的事。羞耻之心是人们所有行为选择的基本标准，知耻，才能保持操守，约束己行。中国古人向来重视荣与辱，对于我们树立正确的荣辱观有着重要的借鉴意义。

9. 祸莫大于不知足，咎莫大于欲得。

【注释】该句出自《老子》第四十六章。大意是，祸患没有比不知足更为严重的了，灾难没有比贪得无厌更为深重的了。古往今来，多少人就是由于不知足、不知止，跌入罪恶的深渊。因此，要谨防“贪欲”之害，不断增强是非面前的辨别能力、诱惑面前的自控能力，走好自己的人生之路。

10. 天下之难持者莫如心，天下之易染者莫如欲。

【注释】该句出自朱熹《四书或问》。大意是，天下最难把持的是人的内心，而天下最容易受到沾染的是人的欲望。面对纷纭复杂的外部环境和自己内心的种种私欲，要想保持内心的清静不受污染，那就要不断反省自己的内心，避免陷入拜金主义、享乐主义、极端利己主义的泥潭。

四、延伸阅读

孙中山“为主义奋斗”的人生观

孙中山认为，社会已经进化到了民权时代，要顺乎世界之潮流，适乎人群之需要，就必须投身到这个革命中来，以三民主义为生活的信仰，以救国救民为一生的志愿，努力奋斗，推动历史的进化。孙中山强调："为主义奋斗"才是人生价值之所在，革命者只有在"为主义奋斗"中，才能造成自己高尚的人格。那么，怎样才能真正"为主义奋斗"呢？孙中山认为，必须解决下面三个问题：

第一，必须反对自私自利，损人利己的思想。孙中山一再强调，革命者要存心做大事，不可存心做大官，不许有损人利己的事，而要为中华民族的解放，为维持全世界全人类之利益而奋斗。

第二，要有远大的眼光，能够经得起困难、失败的考验。在孙中山看来，社会历史的进化是曲折的，一个人一生要做成大事业，特别是进行革命，为四万万人谋幸福，就必须有远大的眼光，能够经得起各种困难和失败的考验。

第三，要有牺牲精神，能够正确地对待生和死。他认为革命必须富有为主义牺牲的精神，有了这种精神，便不怕什么难事，便不愁现在的革命做不成功。因此，对于个人的生命要有一个正确的态度。

孙中山的人生观充满了积极向上、奋斗牺牲的精神，包含了不少深刻的内容，这是值得我们继承和发扬光大的；孙中山一生为此而身体力行，鞠躬尽瘁，死而后已，更显示出他的人格的伟大，值得后人景仰和学习。

［节选自唐凯麟. 孙中山的伦理思想述要：纪念孙中山诞辰 140 周年. 伦理学研究，2006（06）：7-13］

第二节　坚定理想信念

一、主要内容分析

理想信念为人生指引奋斗目标，提供前进的精神动力，崇高的理想信念可以提升思想境界。人生理想的实现不可能一蹴而就，而是一个长期、艰巨和曲折的过程，艰苦奋斗、不懈努力是理想实现的重要条件，要做到立志当高远，立志做大事，立志须躬行，把个人理想融入社会理想之中。

二、教育教学中传统文化相关问题

1. 志当存高远

“志当存高远”出自《诸葛亮集·诫外甥书》，是指人应当怀抱高远的志向。志向高远者，不会满足于现状，不会屈服于一时一地的困难与挫折，不会计较个人私利的多少与得失，这样的人生才能辉煌。如果一个人志向远大而坚定，就会产生强大的精神力量。正如清代学者金缨编著的《格言联璧》“学问”类所说：“志之所趋，无远弗届，穷山距海，不能限也。志之所向，无坚不入，锐兵精甲，不能御也”。意思是说，人如果志存高远，则无不可实现之目标，纵然山海尽头，亦不能阻挡他追求理想的不凡；即使坚固的堡垒和精兵坚甲，也无法抵御他的坚定信念。

2. 从大处着眼

从大处着眼，把个人的志向抱负融入国家和民族的前途命运中，成就一番功业。在中国传统文化里，始终崇尚从大处着眼的意识，要把问题放到大局中去思考，提倡人生建立一种放眼大局的理念。杜甫面对“八月秋高风怒号，卷我屋上三重茅”时，期盼的是“安得广厦千万间，大庇天下寒士俱欢颜”。范仲淹被贬后，写下了“先天下之忧而忧，后天下之乐而乐”的千古名句。陆游遭遇挫折后挥毫写下“位卑未敢忘忧国”抒发爱国豪情。贾谊的“国耳忘家，公耳忘私”，顾炎武的“天下兴亡，匹夫有责”等等，都是体现了放眼天下，心忧百姓的情怀，而不是一己得失与贫富。

三、中华优秀传统文化集萃

1. 立志而圣则圣矣，立志而贤则贤矣。

【注释】该句出自明代著名思想家、心学集大成者王阳明的《教条示龙场诸生》。意思是，立志成为圣人，砥砺精进，就有可能成为圣人；立志成为贤人，就有可能成为贤人。王阳明对志向非常重视，要成为君子，首先要做到的就是立志。

2. 有志者事竟成也。

【注释】该句出自南朝范晔《后汉书·耿弇传》，是写光武帝刘秀表彰大将军耿弇的一段话。这句话告诉我们，有志向的人，只要下决心去践行，世界上没有什么办不到的事情。

3. 志小则易足，易足则无由进。

【注释】该句出自北宋思想家、教育家张载的《经学理窟》。意思是，志向小的人容易得到满足，容易满足之后就没有继续奋进的动力。说明一个人要志向远大，方能有巨大的成就。

4. 穷且益坚，不坠青云之志。

【注释】该句出自唐代王勃的《滕王阁序》。王勃是唐代诗人，出身儒学世家，与杨炯、卢照邻、骆宾王并称为“初唐四杰”。《滕王阁序》是他的代表作。该句意思是，境遇虽然困苦，但节操应当更加坚定，决不能抛弃自己的凌云壮志。这句话表达了身处逆境却不甘沉沦的意志和情怀。

5. 志不强者智不达。

【注释】该句出自《墨子·修身》。意思是，志向不坚定的人，智慧就得不到充分的发挥。志向的坚定程度直接关系到其实现的程度。全心全意为实现理想而奋斗，才有可能实现理想目标。

6. 图难于其易，为大于其细。天下难事，必作于易；天下大事，必作于细。

【注释】该句出自《老子·第六十三章》。意思是，谋求解决难题的办法，要从容易之处开始，成就大事的行动，要从细微之处起步。天下所有的难事，必须从易事做起；天下所有的大事，必须从小处着手。成功的背后永远是艰辛努力，大事全是由小事积累起来的。

7. 古之立大事者，不惟有超世之才，亦必有坚忍不拔之志。

【注释】该句出自北宋苏轼的《晁错论》。意思是，自古以来能建功立业做大事的人，不仅有超脱俗世的才能，也一定有坚忍不拔的意志。在现实生活中，很多人做事功败垂成，因为缺乏坚韧不拔的毅力。

8. 取法于上，仅得为中；取法于中，故为其下。

【注释】该句出自唐太宗李世民《帝范》。意思是，取上等的为准则，只能得到中等的结果；取中等的为准则，只能得到下等的结果。志向要远大，做事要高标准严要求，才能取得大的成就。

9. 大鹏之动，非一羽之轻也；骐骥之速，非一足之力也。

【注释】该句出自汉代思想家王符《潜夫论·释难》。大意是，大鹏冲天飞翔，不是靠一根羽毛的轻盈；骏马急速奔跑，不是靠一只脚的力量。任何一件事情的成功都不是靠个别因素或者单枪匹马的力量，而是要综合各方面的因素或者整体的力量才有可能实现。

10. 风雨不动安如山。

【注释】该句出自杜甫《茅屋为秋风所破歌》。原文是：“安得广厦千万间，大庇天下寒士俱欢颜！风雨不动安如山。呜呼！何时眼前突兀见此屋，吾庐独破受冻死亦足！”意思是，房屋遇到风雨也不为所动，安稳得像山一样，表达了诗人高尚的人文主义情怀。

四、延伸阅读

少年中国说（节选）

日本人之称我中国也，一则曰老大帝国，再则曰老大帝国。是语也，盖袭译欧西人之言也。呜呼！我中国其果老大矣乎？梁启超曰：恶！是何言！是何言！吾心目中有一少年中国在！……

造成今日之老大中国者，则中国老朽之冤业也。制出将来之少年中国者，则中国少年之责任也……使举国之少年而果为少年也，则吾中国为未来之国，其进步未可量也。使举国之少年而亦为老大也，则吾中国为过去之国，其澌亡可翘足而待也。故今日之责任，不在他人，而全在我少年。少年智则国智，少年富则国富，少年强则国强，少年独立则国独立，少年自由则国自由，少年进步则国进步，少年胜于欧洲，则国胜于欧洲，少年雄于地球，则国雄于地球。红日初升，其道大光。河出伏流，一泻汪洋。潜龙腾渊，鳞爪飞扬。乳虎啸谷，百兽震惶。鹰隼试翼，风尘吸张。奇花初胎，矞矞皇皇。干将发硎，有作其芒。天戴其苍，地履其黄。纵有千古，横有八荒。前途似海，来日方长。美哉，我少年中国，与天不老！壮哉，我中国少年，与国无疆！

（节选自梁启超. 少年中国说. 清议报，1900）

第三节　弘扬中国精神

一、主要内容分析

人无精神则不立，国无精神则不强。中华民族能够在五千多年的历史长河中生生不息、薪火相传，很重要的一个原因，就是拥有孕育于中华民族悠久辉煌历史文化中的伟大的中国精神。中国精神就是凝聚中华民族力量的兴国之魂、强国之魄。中国精神是以爱国主义为核心的民族精神和以改革创新为核心的时代精神的有机统一。爱国主义始终是把中华民族紧密团结在一起的强大精神力量，改革创新始终是鞭策我们在改革开放中与时俱进的强大精神力量，是实现中华民族伟大复兴的强大精神支撑和精神动力。中华民族悠久辉煌的历史文化孕育了中国精神，为中国精神的形成提供了丰厚的滋养。

二、教育教学中传统文化相关问题

1. 以爱国主义为核心的民族精神是中华民族凝心聚力的精神纽带

中华民族的爱国主义传统表现为崇尚民族气节。中华民族自古褒扬民族气节，功名一时，气节千载，民族气节被视为人生的最大气节。汉代苏武出使匈奴，坚决不降，正气凛然，被拘长达十九年，保持了高尚气节，受到后人的普遍尊敬。民族气节突出表现在为坚持民族大义而舍生忘死，孔子说：“志士仁人，无求生以害仁，有杀身以成仁。”（《论语・卫灵公》）这种“杀身成仁”“舍生取义”的思想，为道义而不惜牺牲自我的气节，是一种最大的献身精神，这种精神千百年来培育和鼓舞了无数中华民族的志士仁人为坚持爱国理念而宁死不屈。

中华民族的爱国主义传统还表现为忧国忧民的情怀。忧患意识是中华传统文化的重要内容，忧患意识体现的是对国家前途和命运的无比关心，是把一己同国家、民族紧密联系起来的责任担当。孟子的“乐以天下，忧以天下”（《孟子・梁惠王下》），范仲淹的“先天下之忧而忧，后天下之乐而乐”，都是强调为国家、群体奉献自己，自觉承担对国家、社会的责任和义务，把自己的命运与国家前途紧密联系在一起，为民族的兴盛而奉献一生。

2. 中华民族革故鼎新的优良传统

革故鼎新，大意为去掉旧的，建立新的，出自《周易·杂卦》："革，去故也；鼎，取新也。"《周易》是古代占筮之书及其解说，乃群经之首，成为儒家经典，其内容广泛，核心思想体现为"变革""变化""变易"等。革故鼎新是《周易》变革理念的突出体现。尚变革重创新并不是舶来品，而是我国古代传统文化精髓之一。"穷则变，变则通，通则久"(《周易·系辞下》)，变革是一种常态，是万物运行的法则，是永恒的主题。如今在实现中华民族伟大复兴的历史进程中，改革创新始终是鞭策我们在改革开放中与时俱进的精神力量。

三、中华优秀传统文化集萃

1. 国耳忘家，公耳忘私。

【注释】该句出自西汉时期贾谊的《治安策》，意思是为了国事而忘记家事，为了公事而不考虑私事，不计较个人得失。《治安策》是贾谊呈给汉文帝的治国安民方略。贾谊通过《治安策》提醒汉文帝关注形势的危急，居安思危，并表明了自己在这一局势下的态度和立场，体现了强烈的为民族为国家的献身精神。

2. 捐躯赴国难，视死忽如归。

【注释】该句出自三国曹植的《白马篇》。意思是，为国家解危难奋勇献身，把死亡看作回归故里。曹植是曹操之子。自东汉末年分裂割据以来，国家的统一和社会的安定一直是时代的要务。《白马篇》寄托了曹植为国家建功立业的渴望和憧憬。

3. 先天下之忧而忧，后天下之乐而乐。

【注释】该句出自宋代范仲淹的《岳阳楼记》，意思是在天下人担忧之前先担忧，在天下人享乐之后才享乐。范仲淹写《岳阳楼记》之时正贬官在外，忧国忧民之心不改，表现了范仲淹虽身居江湖，却心忧国事，虽遭迫害，仍不放弃理想的顽强意志。

4. 位卑未敢忘忧国。

【注释】该句出自南宋陆游《病起书怀》。意思是，虽然自己地位低微，但是从没忘掉忧国忧民的责任。这一传世警句，是诗人内心的真实写照。陆游时年五十二岁，被免官后病了二十多天，病愈之后仍为国担忧，为了表达要效法诸葛亮北伐，统一中国的决心。

5. 保天下者，匹夫之贱，与有责焉耳矣。

【注释】该句出自明末清初思想家顾炎武的《日知录》。意思是，天下的兴盛或衰亡，即使是地位卑微的普通人也有义不容辞的责任。顾炎武早年参加抗清活动，尽管一再受挫，但并未颓丧。这句话言简意赅但影响深远，在不同的历史时期对挽救民族危亡发挥了积极作用。

6. 繁霜尽是心头血，洒向千峰秋叶丹。

【注释】该句出自戚继光的《望阙台》。意思是：多次的秋霜洒过万千山峰，使得霜叶红于二月花，就像自己的点点心血，染遍山川，浸透红叶。戚继光在守卫福建时，将福清的一座山峰命名为“望阙台”，用来表明自己身在远方而不忘国家的重托。

7. 国土不可断送，人民不可低头。

【注释】这句话出自1919年《北京全体学界通告》。伟大的五四精神的核心是爱国主义，面对国家和民族生死存亡，一批爱国青年挺身而出，表达了中国人民尤其是中国青年捍卫国土、捍卫尊严的决心。

8. 风声雨声读书声，声声入耳；家事国事天下事，事事关心。

【注释】该句出自明代顾宪成《题东林书院》。对联大意是：风声，雨声，读书声，声声都听在耳中；家事，国事，天下事，每一件事情都是我所关心的。此联常用来表示读书人对国事民生的关心。顾宪成被贬职到无锡后，和朋友们办了东林书院，正是在那里他写下了这幅流传千古的对联。

9. 苟日新，日日新，又日新。

【**注释**】该句出自《礼记·大学》。原文为："汤之《盘铭》曰：苟日新，日日新，又日新。"意思是，商朝的开国君主成汤的澡盆上刻着"苟日新，日日新，又日新"的警词，旨在激励自己自强不息，创新不已。"创新"一词即发端于此。

10. 苟利于民，不必法古；苟周于事，不必循俗。

【**注释**】该句出自汉朝刘安《淮南子·氾论训》。意思是，如果对民众有利，就不必非要效法古制；如果适合实际情况，就不必一定要遵循旧俗。没有固定的成法可以永远去遵守，不断改革、不断创新本来就是历史的常态。

四、延伸阅读

张伯苓校长的爱国三问

"你是中国人吗？你爱中国吗？你愿意中国好吗？"这是张伯苓校长于 1935 年 9 月 17 日新学年"始业式"上，让南开大学新老同学自省的三个问题。

所谓始业式，就是迎接新同学的开学典礼。……虽然举办始业式是学校的传统，但 1935 年的始业式不同以往。演说中，张伯苓主要谈了两个主题，一是“认识环境”，二是“努力干去”。这里的“环境”指的是时局，这一年的不同之处，正是“环境有了许多的变化”。

环境有了什么变化？最大的不同，就是国家的危难日益深重。“九一八”事变东北沦陷后，华北随即面临着日寇的蚕食。特别是进入 1935 年以来，日本通过一系列行动，制造事端，挑起摩擦，提出种种无理的要求。而国民政府一再退让，并于 7 月与日方达成“何梅协定”，表态对日本“所提各事均承诺之”。一时舆论哗然，人心大乱。

……

“认识环境”之后，重要的是“努力干去”。怎样去干？张伯苓提出了三个要点，要公、要诚、要努力。要公是价值观，是方向；要诚、要努力是态度和作风。

之所以要“公”，是因为很多人太自私、不能合作。之所以要“诚”要“努力”，则是因为许多人爱耍小聪明、敦厚不足，做事总是浅尝辄止、知难而退。

特别是讲到自私，张伯苓痛心疾首。他说，自己曾经面对小孩子做过一次讲演。张伯苓问他们：“中国人多不多？”小孩子们说：“多。”又问“中国强不强？”说：“不强。”“为什么不强呢？”小孩子们回答：“不能团结。”张伯苓说，这个道理小孩子都懂得，但是实际上很多人却做不到。他让学生们想一想：“我真爱国么？我自己对公家有好处吗？我自己对公家有害处吗？”张伯苓要求学生们每天都要想上三回。

他说，很多人有一个毛病，就是太狭隘，“总不愿别人好”。“大家在一块谈，谈到别人的坏处，大家精神百倍；说人好处，就不高兴了，好像不愿中国有好人。”张伯苓指出，“这就是亡国的根源。”讲到此处，张伯苓提出本文开篇那三个振聋发聩的问题：

你是中国人吗？是！

你爱中国吗？爱！

你愿意中国好吗？愿意！

这“爱国三问”无异于醍醐灌顶，激昂了学生们的爱国之志！张伯苓对学生们说，如果你是中国人、爱中国、愿意中国好，那么就改掉自私狭隘的毛病，为国家为公团结起来！他希望南开人要从自己做起，“由一班、一个学校起下功夫，练习为公”！

……

张伯苓的“爱国三问”是历史之问，更是时代之问、未来之问。走出流血牺牲、生死考验的语境，走出神州陆沉、存亡绝续的背景，仍然需要我们一代一代这样问下去、答下去，才能为“中国号”巨轮破浪前行提供最深厚的底气、最有力的支撑。

（节选自陈鑫，南理. 张伯苓校长的爱国三问. 南开百年校庆报道—南开故事，2018-11-28）

第四节　坚守价值追求

一、主要内容分析

人类社会发展的历史表明，对一个民族、一个国家来说，最持久、最深层的力量是全社会共同认可的核心价值观。核心价值观承载着民族、国家的精神追求，是社会评判是非曲直的价值标准。倡导富强、民主、文明、和谐，倡导自由、平等、公正、法治，倡导爱国、敬业、诚信、友善，是社会主义核心价值观的内容。核心价值观的养成绝非一日之功，要切实做到勤学、修德、明辨、笃实，努力把核心价值观要求变成内心尊崇的信念和日常行为准则。培育和弘扬社会主义核心价值观必须立足中华优秀传统文化，“求木之长者，必固其根本；欲流之远者，必浚其泉源”（唐代魏征《谏太宗十思疏》）。中华优秀传统文化是中华民族的精神命脉，是涵养社会主义核心价值观的重要源泉，是社会主义核心价值观历史底蕴的集中体现。

二、教育教学中传统文化相关问题

1. 中华民族“崇德”的价值取向

德对于国家、民族、社会、个人都具有重要价值和意义。就个人而言，人无德不立，立德对于做人、做事都是根基，古人讲“三不朽”，即立德、立功、立言，立德居于首位，是最高的境界；就国家、社会而言，国无德不兴，国家的德是大德，明大德对于国家和社会的稳定、和谐、发展发挥着导向、规范、调节等重要作用。

社会主义核心价值观作为一种德，有助于提升社会大众对核心价值观的认知认同度，使普通百姓深切感受到核心价值观的亲近，领悟到日常生活遵守私德和公德、小德和大德，就是在践行社会主义核心价值观；社会主义核心价值观作为一种德，有助于求取核心价值观的“最大公约数”。任何一个社会的价值取向和价值观念都是多种多样的，有的甚至相互之间还是矛盾、冲突的。社会要和谐、稳定、发展，面对多元多样的社会思潮，更需要有共同的核心价值观引领方向、凝聚共识，形成团结奋斗的强大精神力量。

2. 国有四维，礼义廉耻

每个时代都有每个时代的精神，每个时代都有每个时代的价值观念。国有四维，礼义廉耻，“四维不张，国乃灭亡”，这是中国古代先哲对封建社会核心价值观的解读。

礼义廉耻关乎国家的兴亡、治乱。管子认为：“国有四维，一维绝则倾，二维绝则危，三维绝则覆，四维绝则灭。倾可正也，危可安也，覆可起也，灭不可复错也。”“四维不张，国乃灭亡。”（《管子·牧民》），意思是说这四大纲纪一旦有所缺失，国家就会陷入危险境地。一旦这四大纲纪全部废弛了，国家就有可能面临灭亡的绝境。礼义廉耻，就是那个时代普遍奉行的价值观。遵守社会规范、奉行公平正义、知耻行善、廉洁奉公，这是国家富强、社会太平的基本保障。国有四维，礼义廉耻，体现的是古代社会的价值内涵。

三、中华优秀传统文化集萃

1. 德者，本也。

【注释】该句出自儒家经典《大学》。强调德是立身立世之根本。在儒家思想中，关于“德”的论述随处可见，比如“君子以厚德载物”“大学之道，在明明德”等等。社会主义核心价值观就是一种大德，培育和践行社会主义核心价值观，为个人成长提供了方向指南。

2. 利于国者爱之，害于国者恶之。

【注释】该句出自春秋时期晏婴的《晏子春秋》。大意是，爱戴、欢迎那些有利于国家的人，厌恶、远离那些对国家有害的人。晏婴用上古明君治世故事讽谏齐景公，切不可滥施奖赏，要依据对于“国”的“利害”决定自己的“爱恶”，说明了在全社会形成爱国氛围的重要性。

3. 仁者爱人。

【注释】该句出自《孟子·离娄下》，孟子用以区别君子与普通人。孔子和孟子都对“仁”这个概念极其重视，对于仁的理解，也都高度一致：所谓“仁”，就是“爱人”。社会主义核心价值观倡导的“友善”与历史上的“仁爱”思想一脉相承。

4. 诚者物之终始，不诚无物，是故君子诚之为贵。

【注释】该句出自《中庸》。意思是，真诚是事物的发端和归宿，没有真诚就没有事物。君子以真诚为贵。如今，诚信是社会主义道德建设的重点，也是社会主义核心价值观在公民层面的基本要求。

5. 非学无以广才，非志无以成学。

【注释】该句出自诸葛亮的《诫子书》。意思是：不刻苦学习就无从增长见识、提高才干，没有坚定不移的志向就难以完成学业、学有所成。为学之要贵在勤奋，勤奋学习是获得知识的必由之路。

6. 修身洁行，言必由绳墨。

【注释】该句出自王安石《命解》。大意是，提高自己的品德修养，检查自己的行为，言语必须符合准则。“绳墨之言”的说法见于《庄子·人间世》，指可作为准绳、合乎道德圣智的言论。践行社会主义核心价值观必须以修德为要务，严格要求自己。

7. 知其不善，则速改以从善。

【注释】该句出自朱熹《朱子语类》卷二十一。大意是，意识到自己不善的言行，就应该立刻改正从善。最要紧的是在“速改”上下大功夫。传统文化中这种克己修身、养德向善的修养要求，也为现代社会培育和践行社会主义核心价值观提供了可以借鉴的具体方法。

8. 学而不思则罔，思而不学则殆。

【注释】该句出自《论语·为政》。大意是：学习而不思考，等于白学，甚至越学越糊涂；思考而不学习，则是胡思乱想，还会导致危险。在学习中积累充实，在思考中深化认识，提高辨别是非善恶的能力，才能在复杂多样的价值观中做出正确抉择。

9. 博学之，审问之，慎思之，明辨之，笃行之。

【注释】该句出自《中庸》。博学，学习要广泛涉猎；审问，有针对性地提问请教；慎思，学会认真地思考；明辨，形成清晰的判断力；笃行，用学习得来的知识和思想指导实践，学以致用，做到“知行合一”。这五个环节对于培育和践行社会主义核心价值观有很重要的启示，每个人日常都可以从勤学、明辨、修德、笃行上下功夫。

10. 凿井者，起于三寸之坎，以就万仞之深。

【注释】该句出自北朝齐刘昼《刘子·崇学》。大意是，凿井的人，从挖很浅的土坑开始，最后挖成万丈的深井。该句用“凿井”启发我们要笃行实干、坚持不懈，践行社会主义核心价值观就是需要这种脚踏实地、坚忍不拔的精神。

四、延伸阅读

林觉民（1887—1911），福建闽县（今福州）人，1907 年东渡日本，自费留学，在日本加入中国同盟会，跟随孙中山走上了革命道路。1911 年春，林觉民回国，准备参加由黄兴领导的广州起义。他回到福州，对家人说是学校放樱花假，其实是来向妻子和家人诀别。4 月 27 日，林觉民参加广州起义，战斗中受伤力尽被俘，后从容就义，为“黄花岗七十二烈士”之一。起义前，林觉民给妻子陈意映写了一封绝笔信。在这封绝笔信中，林觉民委婉曲折地表达了自己对妻子的深情和对处于水深火热中的祖国深沉的爱。他把家庭幸福、夫妻恩爱和国家前途、民族命运联系在一起；把对妻子亲人的爱和对国家人民的爱连为一体，阐述了一个深刻的道理：没有国家和人民的幸福，就不会有个人的真正幸福。

林觉民《与妻书》（节选）

意映卿卿如晤：吾今以此书与汝永别矣！吾作此书时，尚是世中一人。汝看此书时，吾已成为阴间一鬼。吾作此书，泪珠和笔墨齐下，不能竟书而欲搁笔，又恐汝不察吾衷，谓吾忍舍汝而死，谓吾不知汝之不欲吾死也，故遂忍悲为汝言之。

吾至爱汝，即此爱汝一念，使吾勇于就死也。吾自遇汝以来，常愿天下有情人都成眷属；然遍地腥云，满街狼犬，称心快意，几家能彀？司马青衫，吾不能学太上之忘情也。语云：仁者“老吾老，以及人之老；幼吾幼，以及人之幼”。吾充吾爱汝之心，助天下人爱其所爱，所以敢先汝而死，不顾汝也。汝体吾此心，于啼泣之余，亦以天下人为念，当亦乐牺牲吾身与汝身之福利，为天下人谋永福也。汝其勿悲！

……

辛未三月廿六夜四鼓，意洞手书。

（节选自林觉民. 与妻书，1911-04-24）

第五节　遵守社会道德

一、主要内容分析

中华传统美德是中华文化精髓，孕育了中华民族的宝贵精神品格，培育了中国人民的崇高价值追求，是道德建设的不竭源泉。当代中国传承了中华传统美德并进行了创造性转化和创新性发展，形成了以为人民服务为核心，以集体主义为原则，以爱祖国、爱人民、爱劳动、爱科学、爱社会主义为基本要求的社会主义道德体系。我们要加强对中华传统美德的挖掘和阐发，并结合新的时代条件和实践要求继承创新，使之与现代文化、现实生活相融相通，成为新时代精神生活、道德实践的鲜明标识。

二、教育教学中传统文化相关问题

1. 重民本

“重民本”是中华优秀传统文化的精华，发端于夏商周时期，后经历朝历代的演变，逐渐丰富发展，形成敬民重民、忧民爱民、利民富民等基本观念。古代民本观念成为我国社会主义社会“为人民服务”这一道德核心的历史文化渊源，可以说，“为人民服务”既是对古代民本思想的继承，又是实质上的超越。中华人民共和国成立以后，人民当家做主，具备了人民本位的现实基础。“为人民服务”是对古代敬民重民、忧民爱民、利民富民的民本思想的扬弃与升华，并在创造性转化和创新性发展中达到了前所未有的高度。

2. 崇公义

“崇公义”是我国古代大多数思想家倡导的处理公私关系，即社会利益和个人利益关系的准则，“崇公义，抑私欲”是我国传统道德的根本要求。公与私是中国思想史上的重要范畴，对这一问题的不同理解和认识，形成了各自不同的公私观。在儒家的思想体系中，不同的儒家学者对于公私关系的理解有所不同，甚至相去甚远，但是崇公抑私的思想一直占据主流地位。“公义胜私欲”是中国传统道德的根本要求，强调在“义”和“利”发生冲突时，应当

“先义后利”“见利思义”“见义勇为”，倡导大公无私、公而忘私、崇公抑私，这种公私观对中华民族的长期发展和社会道德建设，发挥着积极作用。

3. 守诚信

“守诚信”是中华传统道德的瑰宝，体现了社会主流价值观念，是人的立身处世之本，也是社会发展进步的道德基石。“言必信，行必果”“一言九鼎”“一诺千金”“一言既出驷马难追”，这些流传了千百年的古话，都形象地表达了中华民族诚实守信的品质。司马光《资治通鉴》对秦国商鞅实行变法、立木为信总结评论指出：“臣光曰：夫信者，人君之大宝也。国保于民，民保于信。非信无以使民，非民无以守国。”信誉是个人立身、治国之本，个人行为和国家政策的制定都应该遵守诚信原则。

三、中华优秀传统文化集萃

1. 德，国之基也。有基无坏，无亦是务乎。有德则乐，乐则能久。

【注释】该句出自《左传·襄公二十四年》。意思是：德性是国家的基础，有基础才不至于毁坏，难道不应该这么做吗？国君实行德治，百姓就快乐，百姓快乐就能长治久安。该句阐述了执政者有德才是治国安邦、社会稳定、国家长治久安的重要基石。

2. 大贤秉高鉴，公烛无私光。

【**注释**】该句出自孟郊的诗作《上达奚舍人》。“大贤秉高鉴”的意思是，真正的贤人要随时准备拿出镜子来照自己，不让自己有丝毫的瑕疵。唐太宗李世民讲“以铜为镜、以史为镜、以人为镜”，也是这个道理。“公烛无私光”指私事不占用公利，表现了公私分明的品德。

3. 一心可以丧邦，一心可以兴邦，只在公私之间尔。

【**注释**】该句出自宋代程颢、程颐《二程集·河南程氏遗书》卷十一。程颢、程颐的学说被称作“心性之学”，在他们看来：当政者是否具有公心，关乎国家兴亡。有了公心，可以使国家兴盛；没有公心，一切从私利出发，就会使国家灭亡。因此国家兴盛还是衰败，全在当政者公私间的一念之差而已。

4. 老吾老以及人之老，幼吾幼以及人之幼。

【**注释**】该句出自《孟子·梁惠王上》。意思是，尊敬自己的老人，进而广及尊敬别人家的老人；爱护自己的孩子，进而扩展到爱护别人家的孩子。儒家倡导的仁爱具有由亲及疏、由近及远呈辐射状态向外扩延的特征，从而达到“泛爱众而亲仁”（《论语·学而》）的境界。

5. 亲亲而仁民，仁民而爱物。

【注释】该句出自《孟子·尽心上》。意思是，热爱亲人而仁爱百姓，仁爱百姓而爱惜万物。仁民、爱物是“仁爱”的扩充，体现了孟子推己及人的仁爱思想。

6. 从善如登，从恶如崩。

【注释】该句出自左丘明《国语·周语下》。意思是，学好困难如登山，学坏容易似山崩。这句话非常形象地说明了从善之难、从恶之易，是古代先贤的劝世箴言。

7. 当官避事平生耻，视死如归社稷心。

【注释】该句出自元好问《四哀诗·李钦叔》。李钦叔把当官避事看成平生的耻辱，他对江山社稷赤胆忠心，把为国而死看得像回家一样平常。这首诗充分肯定了为国家社稷勇于担当是一种高贵的品质。

8. 道虽迩，不行不至；事虽小，不为不成。

【注释】该句出自《荀子·修身》。意思是，路程虽然很短，但不走就不能到达；事情即使很小，但不做就不能成功。荀子认为，修养身心，努力提高自身的思想境界和道德水平，不是容易的事，事情即使很小，不做也不会成功。

9. 君子义以为质。

【注释】该句出自《论语·卫灵公》。意思是，君子以义作为根本。同时，义也关联、通贯其他德行（仁、礼、信、勇等）的培养，舍利取义的义利观，是为人处世应坚守的价值观。

10. 先义而后利者荣，先利而后义者辱。

【注释】该句出自《荀子·荣辱》。意思是，把义放在首位然后取利的为荣，把利放在首位然后求义的为辱。这种义利观在中华民族长期发展中发挥了积极作用。

四、延伸阅读

廉官“李蛮牛”

李尚卿（1833—1905），原名李清志，字子仁，山东乳山人。李尚卿弱冠之年即有文名，可惜屡试不第，直到45岁才考中进士，此后在湖南做知县、知府，以清廉为官见载史册。

李尚卿天性善良，出仕后忠君爱民、廉洁勤政。他到湖南上任时，母亲语重心长地对李尚卿说，要当清官，别当贪官，你的俸禄来自老百姓，大部分要用于给老百姓办实事。母亲还给他立了个规矩，每年按时派人回家取钱粮，弥补家务开销的不足，以保清廉。李尚卿谨遵母亲教诲，有一年，李尚卿忙于公务，没有及时派人回家取钱粮，母亲生疑，派人前去查问，当了解到实情之后，老人家这才放了心。当地老百姓送给李尚卿“自费县令”的雅号，可见对他的爱戴。

李尚卿在邵阳县任知县时，有位差官前来办事，当时正值青黄不接，百姓靠野菜度日。李尚卿也没有什么好东西招待，差官见桌上只有麦饭和葱汤，大为不悦，将碗筷扫落在地。李尚卿俯身拾起打碎的饭钵，恭请差官上楼看看。在县衙楼上，李尚卿指着四周民舍，心情沉重地请他看，在这生火做饭的时候，有几家在冒炊烟？他即景赋诗一首：“麦饭葱汤君莫嫌，瓦钵粗碗亦堪怜。请君抬头四处望，多少人家未生烟。”差官见状，汗颜不已，马上道歉。李尚卿在邵阳县治绩显著，士民在县衙前立德政碑，记述他的六大功绩：一是巡察民隐，二是操守廉洁，三是俭约奉公，四是民无冤狱，五是事不扰民，六是不徇私情。李尚卿离任时，百姓家家门前摆一盆清水，悬一面明镜，称赞他“清如水，明如镜”。后来士民又立去思碑，濂溪书院山长邹先举将颂其功绩的诗歌辑录成《资阳遗爱集》，并刻印发行。“水打状元洲，清官不久留，要得清官到，除非李蛮牛”，这是湖南民间流传至今的民谚，“李蛮牛”是百姓对李尚卿的尊称，他为民做主，能顶住压力并与恶势力斗争。

［节选自辛明路，陈永升. 廉官“李蛮牛”. 中国纪检监察报，2018-06-08（06）］

第六节　塑造良好品格

一、主要内容分析

社会公德、职业道德、家庭美德、个人品德是新时代社会主义道德建设的着力点。推动践行社会公德，鼓励人们在社会上做一个好公民；推动践行职业道德，鼓励人们在工作中做一个好建设者；推动践行家庭美德，鼓励人们在家庭里做一个好成员；推动践行个人品德，鼓励人们在日常生活中养成好品行。在我国传统文化中，公共生活领域尚礼仪，职业生活领域尚敬业，家庭生活领域重家风，个人品德养成重修身。这些思想观念尽管有着鲜明的历史印记，但是对于调整当今社会关系，完善个人品德具有重要的借鉴价值。

二、教育教学中传统文化相关问题

1. 修身为本

个人品德养成重在修身，这一点为儒家大力推崇，“以修身为本”的思想在儒家经典著作《大学》中有着充分的体现。《大学》提出了格物、致知、诚意、正心、修身、齐家、治国、平天下，被后人简称为“八条目”，也是层层递进的人生提升阶梯。修身是“八条目”的中心环节，以修身为界，分为前后两个部分。前面的“格物、致知，诚意、正心”是“内修”，后面的“齐家、治国、平天下”是“外治”，而其中间的“修身”则是连接“内修”和“外治”的枢纽，架起了内外之间的桥梁，达到“合内外”的精神境界。“以修身为本”是对修身的重要地位的高度概括。

2. 家和万事兴

家庭是社会的基本细胞，家庭和睦则社会安定，家庭文明则社会文明，家庭幸福则社会幸福，家和万事兴，因此，社会道德建设要高度重视家庭、注重家教、注重家风，遵守家庭美德。中华民族自古以来就重视家庭、家教和家风，并在此基础上形成了内容丰富且独具特色的家训文化，传统家训文化内容极其丰富，但核心始终是围绕睦亲治家、处世之道、教子立身三个方面展开的。在中国人的传统观念中，家与国始终紧密相联，在家国同构的传统精神下，家风不仅是自家庭院之内的事，而且关联着整个天下，而绵延不断的家训文化也就成为一笔宝贵的精神财富。

三、中华优秀传统文化集萃

1. 天下之本在国，国之本在家，家之本在身。

【注释】该句出自《孟子·离娄上》。大意是，天下的根本在于国，国的根本在于每一个家庭，而每一个家庭的根本在于我们每个人自身。每一个人都应当以敬畏的态度努力做好自己，然后才能够建设和谐美满的家庭，国家才能够秩序井然，天下才能够太平。

2. 千里修书只为墙，让他三尺又何妨。万里长城今犹在，不见当年秦始皇。

【注释】该句出自六尺巷的故事。清代大学士张英的族人与邻居为建房占地而发生争执，张英于是回书此诗。张英的宽容豁达、谦逊礼让为后人所称颂，是中华民族里仁为美、和谐理念的充分体现。

3. 礼尚往来。往而不来，非礼也；来而不往，亦非礼也。

【注释】该句出自《礼记·曲礼上》。大意是，礼节重在相互往来。有往无来，不符合礼节；有来无往，也不符合礼节。也就是说，在人际交往中，人们之间应平等相待，对于别人给予的善意，应当以礼回应。

4. 人命至重，有贵千金，一方济之，德逾于此。

【注释】该句出自唐代药王孙思邈的《备急千金要方·序》。孙思邈不仅医术精湛，而且医德高尚。该句大意是，人的生命是最贵重的，可以比作千金，用一个药方帮助人们战胜疾病，其功德超过千金。因此，他的两部著作均冠以“千金”之名——《(备急)千金要方》和《千金翼方》。该句是我国古代职业道德的典范之作。

5. 见贤思齐焉，见不贤而内自省也。

【注释】此句出自《论语·里仁》。意思是，见到德才兼备的人就要向他看齐，见到没有德行的人，自己的内心就要反省是否有和他一样的错误。孔子的这句话，成了后世儒家修身养德的座右铭。见贤思齐，说明榜样对修身的重要作用。

6. 与人不求备，检身若不及。

【注释】该句出自《尚书·伊训》。意思是，对别人不能求全责备，对己要严格约束。这种严于律己，宽以待人的品格，是个人良好道德修养的重要标志。

7. 莫见乎隐，莫显乎微，故君子慎其独也。

【注释】该句出自《中庸》。意思是，君子在人看不到的地方也常警惕谨慎，在人听不到的地方也常唯恐有失。在个人独处的时候，也要小心谨慎。这就是“慎独”一词的由来。慎独既是一种修养的方法，也是修养所达到的境界。

8. 见善如不及，见不善如探汤。

【注释】该句出自《论语·季氏》。意思是，看到善的行为，就唯恐自己达不到；看到不善的行为，就好像把手伸到开水中一样赶快避开。该句常用来警示后人常怀敬畏之心，不能模糊是非对错的界限。

9. 闻过则喜，知过不讳，改过不惮。

【注释】该句出自陆九渊《与傅全美》。大意是，听到别人说自己有错应当高兴，知道自己的过失应当不隐讳，而改正自己的过错应当毫不害怕。这不仅是为人处世的胸怀，更是实现自我完善的有效方法。

10. 勿以恶小而为之，勿以善小而不为。

【注释】该句出自《三国志·蜀志传》，是刘备去世前给其子刘禅的遗诏中的话。意思是，不要因为坏事小就去做，也不要因为善事小就不去做，目的是劝勉刘禅要进德修业，有所作为。从小事做起，从点滴做起，日积月累才能积善成德，从而达到较高的道德境界。

四、延伸阅读

名人家训摘录

孔子：不学诗，无以言；不学礼，无以立。(《论语·季氏》)

诸葛亮：夫君子之行，静以修身，俭以养德。非淡泊无以明志，非宁静无以致远。(《诫子书》)

唐太宗：每著一衣，则悯蚕妇；每餐一食，则念耕夫。至于听断之间，勿先恣其喜怒。(《诫皇属》)

颜之推：礼云欲不可纵，志不可满。宇宙可臻其极，情性不知其穷。唯少欲知足，为立涯限。(《颜氏家训》)

范仲淹：勤读圣贤书，尊师如重亲；礼义勿疏狂，逊让敦睦邻。(《范文正公家训百字铭》)

左宗棠：要大门闾，积德累善；是好子弟，耕田读书。纵读数千卷奇书，无实行不为识字；要守六百年家法，有善策还是耕田。(《题湘阴左氏新祠联》)

曾国藩：凡人做一事，便须全副精神注在此一事，首尾不懈。不可见异思迁，做这样想那样，坐这山望那山。人而无恒，终身一无所成。(《曾国藩家书·致九弟·做人须有恒心》)

第二章

传统文化融入马克思主义基本原理教育

第一节　马克思主义唯物论

一、主要内容分析

世界的物质性和唯物辩证法是马克思主义唯物论两大重要内容。世界的物质性，以物质世界的客观存在作为切入点，回答哲学基本问题所涉及的“世界的本质是什么”等问题。普遍联系与永恒发展，阐述了唯物辩证法的总特征——联系和发展的观点，强调在唯物辩证法体系中对立统一规律是事物发展的根本规律，是唯物辩证法的实质和核心。唯物辩证法是认识世界和改造世界的根本方法。中国人之所以比较容易接受辩证唯物主义，绝不是偶然的，是因为在中国传统哲学中已经蕴藏着这种哲学的智慧基因。

二、教育教学中传统文化相关问题

1. 世界的物质性

中华优秀传统文化中包含丰富的唯物主义内容，尽管大多属于朴素唯物主义传统，但也反映了古人在思考物质和意识关系问题上的基本态度。中国传统哲学中的朴素唯物主义肯定物质是世界的本原，主张世界的物质统一性。“五行说”阐述构成宇宙万物的水、木、金、火、土五种元素。战国时期杰出的唯物主义思想家荀子认为“天行有常，不为尧存，不为桀亡。”（《荀子·天论》）荀子把“天”解释为自然界。南宋陈亮哲学中提出了“物”的概念，并指出物即是一种真实客观存在，“盈宇宙者无非物，日用之间无非事”（《经书发题·书经》）。沈括主张以“气”来说明世界的本原问题，指出：“天地之气，贯穿金石土木，曾无留碍。”（《梦溪笔谈·药议》）此外，张载也从哲学层面提出“凡有皆象也，凡象皆气也”（《正蒙·乾称》）的唯物主义观点。中国古代朴素唯物主义与马克思主义唯物论具有会通之处。

2. 辩证

唯物主义辩证法认为，矛盾的双方是相互联系、相互依存的，离开了一方，另一方就不能存在。中国传统哲学也蕴含着丰富的辩证法思想。老子提出“有无相生，难易相成，长短相形，高下相倾，音声相和，前后相随”（《老子·第二章》）“祸兮福所倚，福兮祸所伏”（《老子·第五十八章》）等思想，生动体现了中国古代思想家对事物发展的矛盾规律的认识，而“穷则变，变则通，通则久”（《周易·系辞下》）和“苟日新，日日新，又日新”等观点又反映出传统文化“尚变”的思想。这些都与马克思主义唯物辩证法思想中对立统一、发展变化的基本观点相融通。虽然中国传统哲学中的辩证法思想带有一定的经验性，但它为我们提供了一种正确的思维方式，为我们奠定了良好的认识世界的基础。

三、中华优秀传统文化集萃

1. 变化者，乃天地之自然。

【注释】该句出自葛洪的《抱朴子·内篇·黄白》。意思是，客观实际不是一成不变的，而是不断发展变化的。东晋道学理论和实践家、炼丹术和医药学家葛洪继承了道家关于自然的思想，指出自然是天道的特性，而万物的变化又是自然的特性。

2. 自相矛盾。

【注释】该句出自《韩非子·难一》。书中记载：有一个楚国人卖矛又卖盾，说他的盾很坚固，不管用什么矛都戳不透；又说他的矛很锐利，不管什么盾都能戳透。有个围观的人问道：用你自己的矛刺你自己的盾会怎么样？此人无以对答。后来用以形容行事或言语前后不统一，也指不连贯的性格或心情，或用以比喻人的语言行动前后抵触。

3. 天地合气，万物自生。

【注释】该句出自东汉思想家和教育家王充《论衡·自然》，强调了天地元气是自然界万物原始的物质基础。王充批判了董仲舒的神学目的论，吸取了老子的自然无为的思想，发挥了“自然之义”的观点，提出了“天地合气，万物自生”的朴素的唯物主义自然观。

4. 制天命而用之。

【注释】该句出自《荀子·天论》。先秦时期著名的思想家、哲学家荀子强调自然界的存在不以人的主观意志为转移；同时指出人类对于自然不是无能为力的，人类可以用主观努力去改变自然，为人类造福。

5. 白马非马。

【注释】该句出自公孙龙的《白马论》。公孙龙提出了“白马非马”和“离坚白”等论点，是诡辩学代表。“白马非马”认识到了逻辑学中“个别”和“一般”之间的相互关系，但却夸大了它们之间的区别，从而割断了二者的联系。

6. 合抱之木，生于毫末；九层之台，起于累土。

【**注释**】该句出自《老子·第六十四章》。“合抱之木，生于毫末”，强调的是再强大的事物，在初起的时候也很弱小，所以不要因事物尚处在初级阶段而心生轻视或妄自菲薄。“九层之台，起于累土”，强调的则是踏踏实实、点点滴滴的积累。做事情一定要扎扎实实，不能眼高手低。

7. 理者，物之固然，事之所以然也。

【**注释**】该句出自明末清初思想家王夫之的《张子正蒙注》。《张子正蒙》是北宋思想家张载的代表著作。该句以“固然”和“所以然”解释理，把理视为物之固然，事之所以然。王夫之把理与固然、所以然联系起来，赋予理以新的内涵，可以说抓住了理的本质。

8. 天下之理，有张必有翕，有强必有弱，有兴必有废，有与必有取。

【**注释**】该句出自范应元的《老子道德经古本集注》。大意是，天下的道理，有扩张必有收敛，有强盛必有弱小，有兴旺必有废弛，有给予必有谋取。这段话是对老子的“将欲歙之，必固张之；将欲弱之，必固强之；将欲废之，必固兴之；将欲取之，必固予之；是谓微明”（《老子·第三十六章》）的解读。这些观点揭示了对立统一是事物发展的客观规律。

9. 城门失火，殃及池鱼。

【注释】该句出自北齐杜弼《为东魏檄梁文》。意思是，城门失火，大家都到护城河取水，水用完了，鱼也死了。比喻因受连累而遭到损失或祸害。该句说明联系具有普遍性。

10. 尺有所短，寸有所长；物有所不足，智有所不明。

【注释】该句出自战国屈原《卜居》。大意是，尺虽比寸长，但和更长的东西相比，就显得短；寸虽比尺短，但和更短的东西相比，就显得长。人或事物各有长处和短处，不应求全责备，而应扬长避短。

四、延伸阅读

超前200年：王夫之的哲思深度

王夫之的哲思富于哲理深度。他的若干哲思申发易理，直逼近代思辨。王夫之关于“气”的唯物主义思想集中体现着其哲理深度，“元气不灭”论包蕴“物质不灭”“能量守恒”等思想萌芽。王夫之说，“人之所见为太虚者，气也，非虚也”“阴阳二气充满太虚，此外更无他物”，这一论述肯定了世界的本体是由物质性的“气”构成的。这是王夫之的唯物主义自然观中富于近代色彩的最辉煌所在。王夫之不仅论证了物质的不灭性，而且确认了物质运动的守恒；肯定了物质运动形态之间可相互转化，而且这种转化状态是无限的，但物质运动的总量则不会增减。这些论说将运动守恒的思想阐发得相当周密。

驳斥退化史观，弘扬人类进化史观。王夫之认为，上古绝非黄金时代，“羲皇盛世”之类的传说并不符合实际。王氏指出：“轩辕以前，其犹夷狄乎！太昊以上，其犹禽兽乎！”在达尔文的进化论尚未问世之前两个世纪，17 世纪的中国哲人王夫之已经准确地提出了关于人类进化的思想：人类的祖先是直立行走的野兽，这一提法在盛行祖先崇拜的古代中国，诚然是一个惊人的、大胆的创见。王夫之早年有过与苗民、瑶民生活在一起的困苦经历，这使得他实地观察并体验了处于原始社会或阶级社会初期的少数民族社会生活，从当地流传的人类起源于猴、犬的假说和对古代典籍深谙于心的知识积累中，王夫之将实地考察与古籍记载的神话传说相参照，得出了人类起源于动物、文明发源于野兽的崭新结论。这种观察和研究方法正是合乎近代科学理路的，与美国人类学者摩尔根“人为制造工具的动物”之著名论断，有异曲同工之妙。由野蛮向文明演进，才是历史的真实。

［节选自冯天瑜. 超前 200 年：王夫之的哲思深度. 北京日报，2018-08-20（015）］

第二节　马克思主义认识论

一、主要内容分析

马克思主义不仅科学揭示了世界的物质性存在及其辩证发展的一般规律，还深入探讨了人对物质世界的认识问题，它把科学的实践观引入了认识论，并贯穿了唯物辩证法原则，创建了真正科学的认识论。学习马克思主义认识论的观点和方法，有助于我们改造主观世界、提高认识能力，更自觉的从事实践活动。

知行问题是中国古人经常讨论的关系问题，与义利关系有同等重要的意义。《尚书·说命中》就有“非知之艰，行之惟艰”的认识，春秋时代也有类似说法：“非知之实难，将在行之。”（《左传·昭公十年》）不是知之太困难，而是知之而后实行，那才难上加难。在科学研究方面，可能是知难行易；但在伦理方面，许多道理大家都懂，到实行的时候，就不能完全做到做好。

二、教育教学中传统文化相关问题

1. 实践和认识的关系问题

中国古代哲学也有辨析认识过程中主体和客体、主观和客观，以及阐明其统一性的理论传统。明确提出“知行合一论”命题的是王阳明，他精通中华传统文化，创立阳明心学，被认为是可直追孔孟的明代圣人。有一年春天，王阳明和他的朋友到山间游玩。朋友指着岩石间一朵花对王阳明说：你经常说，心外无理，心外无物，天下一切物都在你心中，受你心性的控制。你看这朵花，在山间自开自落，你的心能控制它吗？难道你的心让它开，它才开的；你的心让它落，它才落的？王阳明的回答很有味道：“你未看此花时，此花与汝心同归于寂；你来看此花时，则此花颜色一时明白起来，便知此花不在你的心外。”（《传习录》）这段话说明，认识来源于实践。

2. 实践是检验认识真理性的唯一标准

李时珍，字东璧，晚年自号濒湖山人，湖北蕲州人。其父李言闻是当地名医。李时珍继承家学，尤其重视本草，并富有实践精神，肯于向群众学习。在父亲的启示下，李时珍认识到，“读万卷书”固然需要，但“行万里路”更不可少。于是，他既“搜罗百氏”，又“采访四方”，深入实际进行调查。李时珍穿上草鞋，背起药筐，在徒弟庞宪、儿子建元的伴随下，远涉深山旷野，遍访名医宿儒，搜求民间验方，观察和收集药物标本。他的亲身实践，犹如神农尝百草，为中华民族留下了宝贵的医药学经验，成为我国古代用实践检验认识真理性的一个明证。

三、中华优秀传统文化集萃

1. 敏于事而慎于言。

【注释】该句出自《论语·学而》。意思是做事勤快敏捷，说话谨慎。这句话告诉我们，做人要多做实事，少说废话，不乱说话。敏：勤勉，快速。慎：谨慎，慎重。

2. 千里之行，始于足下。

【注释】该句出自《老子·第六十四章》。意思是，千里遥远的路程是从脚下第一步开始的。比喻任何事情的成功都是从头开始的，是从小到大逐渐积累的。万事开头难，没有开头就不会有结果，任何事情都要从一点一滴的小事开始做起。

3. 锲而舍之，朽木不折；锲而不舍，金石可镂。

【注释】该句出自《荀子·劝学》。大意是，雕刻了一下，就放弃了，就是腐朽的木头也刻它不断；如果一直坚持下去，刻个不停，即使是金石也可以雕刻成功。这个比喻意在说明，学习、做事情，只有坚持不懈，久久为功才能取得成就；浅尝辄止，将会一无所成。锲、镂：雕刻。

4. 差若毫厘，谬以千里。

【**注释**】该句出自《礼记·经解》。大意是，事情开始时有很小的差错，若不及时纠正，最后就会造成大的错误。万事开头难，开头必须谨慎；做任何工作都必须精益求精，一丝不苟，否则就会造成重大损失。毫厘：为计量小单位，形容极少或极小。谬：错误。

5. 独学而无友，则孤陋而寡闻。

【**注释**】该句出自《礼记·学记》。意思是，如果只是独自一个人学习，而没有朋友一起讨论、交流，就会孤陋寡闻，还会走入僵化、自我封闭的怪圈。事实证明，学习中的交流、研讨有益于学习的进步。

6. 高岸为谷，深谷为陵。

【**注释**】该句出自《诗经·十月之交》。大意是，高地可以变成山谷，深谷可以变成山峦。据科学推测，喜马拉雅山在七千万年以前还是一片汪洋大海，沧海变桑田。这句话比喻世事多变，说明事物在一定的条件下相互转化的哲学思想。

7. 工欲善其事，必先利其器。

【注释】该句出自《论语·卫灵公》。工匠要想做好自己的工作，必须事先准备好工具。由此可知，一个人要胜任工作，必须首先学好本领。今日读好书、学好本领，来日才能大展宏图。

8. 三思而后行。

【注释】该句出自《论语·公冶长》。意思是，经过反复考虑然后才采取行动。这话适用于莽撞行事的人。

9. 不入虎穴，焉得虎子。

【注释】该句出自南朝范晔《后汉书·班超传》。意思是，不进入老虎洞，就捉不到小老虎。比喻不亲身进入险境，就不能取得重大成功，也指不经实践就难以获得真知，实践在事物发展中发挥基础性作用。

10. 一语不能践，万卷徒空虚。

【注释】该句出自明代林鸿《饮酒》。大意是，如果连一句话都不能付诸实践，纵然读万卷诗书也只是枉然。此句旨在阐述知与行的关系，强调读书的目的在于指导实践，只会死读书而不能有效运用的人，学问再多也是纸上谈兵。知行合一凝结着中国传统文化独有的哲学智慧。

四、延伸阅读

颜子好学

圣人之门，其徒三千，独称颜子为好学。夫《诗》《书》六艺，三千子非不习而通也。然则颜子所独好者，何学也？学以至圣人之道也。

圣人可学而至与？曰：然。学之道如何？曰：天地储精，得五行之秀者为人。其本也真而静，其未发也五性具焉，曰仁义礼智信。形既生矣，外物触其形而动于中矣。其中动而七情出焉，曰喜怒哀乐爱恶欲。情既炽而益荡，其性凿矣。是故觉者约其情使合于中，正其心，养其性，故曰性其情。愚者则不知制之，纵其情而至于邪僻，梏其性而亡之，故曰情其性。君子之学，必先明诸心，知所养，然后力行以求至，所谓自明而诚也。诚之之道，在乎信道笃。信道笃则行之果，行之果则守之固：仁义忠信不离乎心，造次必于是，颠沛必于是，出处语默必于是。久而弗失，则居之安，动容周旋中礼，而邪僻之心无自生矣。

（节选自程颐. 颜子所好何学论，见程颢，程颐《二程集》）

第三节　马克思主义人类社会发展理论

一、主要内容分析

马克思主义关于人类社会发展理论主要分析社会存在和社会意识的辩证关系原理，从而揭示社会发展的动力和作用，坚定人民群众在历史发展中的主体地位；提高运用历史唯物主义正确认识历史和现实，正确认识社会发展规律的自主性和自觉性。中国传统哲学在考察社会历史变迁时通常把前后相继的历史现象贯通起来，而且力图把握贯通于变化无常的历史现象背后的动因，考察事物变化的因果联系，这就涉及对人类社会历史发展本质和规律的认识，尤其是古代先贤的“变古易常，有因有革”。“食足知礼，民惟邦本”重视社会变革中经济因素和民众力量。

二、教育教学中传统文化相关问题

1. 贵和

中华传统文化在处理社会基本关系的问题上，强调自然、社会、人的心灵等方面形成相互冲突和融合的状态，并且基于这种动态变化过程催生出很多新的结构方式，以及新事物和新生命的综合。进一步来讲，这种冲突和融合也构成了现有社会存在的基本形态，并且推动着社会的不断发展。从本质上讲，这种关系的界定规定了社会的基本矛盾形式，认为社会的不同事物或要素之间的关系应该是相互补充和相互促进的。这反映了在处理社会问题和社会矛盾的过程中，古人所表现出来的大智慧。尤其值得注意的是，面对社会矛盾，古人更坚持“和”与“同”的一面，并将其作为判断一个人道德高尚还是低下的标准，这实际上是在处理社会关系时，坚持事物是多样性的辩证统一。

2. 以民为本

中华传统文化中包含大量的民本主义的思想，而且承认民众在社会历史发展过程中的巨大作用，尽管很多提法仍是从统治阶级的利益出发，但极大地肯定了人民群众是社会进步的根源。民惟邦本、民贵君轻的民本思想在中国文化中有着悠久的历史和鲜明的个性，是中国文化的基本精神之一。尽管它主要指的是民众与统治者关系中的“民惟邦本”“民贵君轻”的社会观和朴素的民主观，但其中渗透着的明显的人文主义或人本主义，却是中华传统文化的一大特色。以民为本，将人作为考虑一切问题的出发点和归宿，肯定了人民群众在社会发展中的根本性作用。

三、中华优秀传统文化集萃

1. 大道之行也，天下为公。

【注释】该句出自儒家经典文献《礼记·礼运》，是孔子在阐述自己的社会政治理想时明确提出的，为人们描绘了最理想而崇高的政治目标，最远大而美好的社会愿景。

2. 民苦思乱，乱久思治，治则思休，乃理势必至之期也。

【注释】该句出自明代王廷相《雅述·上》。大意是，人民苦难不堪社会就要发生动荡，动乱久了就想社会稳定，社会安定了就想着休养生息，这是社会发展的规律和趋势。

3. 迨已得理，则自然成势，又只在势之必然处见理。

【注释】该句出自王夫之《读四书大全说·孟子·离娄上》。意思是，人类的历史活动形成了历史的现实过程，历史的必然规律也就体现在人们的历史活动之中。

4. 天视自我民视，天听自我民听。

【注释】该句出自《尚书》。大意是，上天所看到的来自我们老百姓所看到的，上天所听到的来自我们老百姓所听到的。该句是我国古代对民本思想的较早表述。

5. 仓廪实而知礼节，衣食足而知荣辱。

【注释】该句出自《管子·牧民》。意思是，人们粮仓充足才会懂得礼仪，丰衣足食才会看重荣誉和耻辱。说明满足民众物质需求的重要性。

6. 怨不在大，可畏惟人；载舟覆舟，所宜深慎。

【注释】该句出自魏征《谏太宗十思疏》。意思是：怨恨不在大小，可怕的只在人心背离。水能载船也能翻船，所以应该高度谨慎。该句意在劝谏君主重视民众的力量，是政权稳固的根本所在。

7. 和实生物，同则不继。

【注释】该句出自《国语·郑语》。意思是：实现了和谐，则万物生长发育；如果完全相同一致，则无法发展和继续。

8. 利民之事，丝发必兴；厉民之事，毫末必去。

【注释】该句出自清代万斯大的《周官辨非·天官》。大意是，凡是有利于老百姓的事情，即使再小也要去做；凡是危害老百姓的事情，即使再小也要革除。中国传统利民思想随着时代的发展不断深化，并逐渐展现其本身所具有的价值。

9. 人者，天地之心也，五行之端也。

【注释】该句出自《礼记·礼运》。大意是，人是天地万物的中心，是五行的开始和终点。表达了我国古代思想家对人在宇宙中的地位的认识，突出了人在宇宙中的意义和价值。

10. 天有其时，地有其材，人有其治，夫是之谓能参。

【注释】该句出自《荀子·天论》。大意是，天有时令变化，地有丰富资源，人能治理并利用天时地利，这就叫作能与天地相配合。荀子认为自然界和人类各有自己的职分，治乱吉凶，在人不在天。

四、延伸阅读

汉代贾谊的民本思想

贾谊（前 200—前 168），河南洛阳人。他“颇通诸家之书”，被汉文帝召为博士。著作有《过秦论》《治安策》《新书》等。

贾谊总结秦王朝灭亡的教训，将民本思想提升到一个认识新阶段。鉴于秦王朝的短期快速灭亡，特别是认识到秦末战乱中民众反抗暴政的巨大力量，贾谊强调民是政治之本。他说："闻之于政也，民无不为本也。国以为本，君以为本，吏以为本。故国以民为安危，君以民为威侮，吏以民为贵贱，此之谓民无不为本也。"又说："灾与福也，非粹在天也，必在士民也。"(《新书·大政上》)既然民众在社会政治生活中具有如此重要的地位和作用，那么统治者就必须学会调节和处理好与民众的关系。他说："故自古至于今，与民为仇者，有迟有速，而民必胜之。"(《新书·大政上》)

贾谊的这一观点，把先秦以来的民本思想推到新的阶段。贾谊认为，黎民百姓是社会生活中的"大族"，他们人数最多，又是衣食生产者，故而"多力"。以君主为首的统治集团要依赖老百姓之"力"方能生存，否则社会就没有了存在基础，统治也难以持续，王朝也难以延续。在贾谊看来，黎民百姓是国家的根本，那么，统治者的基本国策就是"固本"，具体政策就是仁爱民众，实施德政。

（节选自《中国政治思想史》编写组. 中国政治思想史. 高等教育出版社，2012）

第四节　科学社会主义与共产主义崇高理想

一、主要内容分析

古今中外历史上，有许多思想家热切地关注着人类社会的未来，并提出自己的预见。马克思、恩格斯站在无产阶级立场上，运用科学的方法，致力于研究人类社会特别是资本主义社会，揭示了人类社会发展的一般规律，从而对共产主义社会作出了科学的展望。马克思恩格斯关于未来社会的预测，是在科学地批判资本主义社会的基础上作出的。追求理想社会是研究社会历史的终极目标。古今中外的思想家们提出过各种各样的社会理想，中国古代的“大同”社会，有着深远的历史传统，并鼓舞着人们为实现这一社会理想而进行不懈的努力。

二、教育教学中传统文化相关问题

1. 君子理想人格

中华传统文化中有许多经典，阐述的是通过个人理想人格的追求来提高整个社会成员的素养，最终实现理想社会。例如，《论语》以忧道怀德、亲仁复礼为宗旨，成为影响广泛而深远的文化经典。要成为君子，孔子提出两条实施途径：一是“己欲立而立人，己欲达而达人”；二是“己所不欲，勿施于人”。另外，孟子的理想人格首先是圣人，他希望通过“养心”，实现对理想人格的追求。孟子明确认为，圣人并非普通人不可企及，圣人不过与我同“类”而已。“圣人之于民，亦类也。”（《孟子·公孙丑上》）“尧舜与人同尔。”（《孟子·离娄下》）孟子认为，一般的人只要努力修养提升，同样可以超凡入圣，成为真正理想的人。所以，孟子明确指出：“人皆可以为尧舜。”（《孟子·告子下》）

2. 历史变迁，今胜于古

历史变迁总是由古及今，这种变化是趋于前进还是倒退，是今胜于古还是今不如古，这是传统社会历史观中一直有争论的问题。春秋战国时期，针对这个时期社会大变革是历史的倒退还是前进，各派思想家提出了不同的观点。儒家孔孟都认为，春秋时期的社会变动冲击古代圣王创造的传统文明，导致人心不古，礼崩乐坏，世道衰微。孔孟崇尚传统文明的是古非今，形成了正统儒学在社会历史观上的复古主义。而法家用历史进化论观点论证今胜于古。商鞅把历史划分为三个阶段："上世亲亲而爱私"，即以血缘关系来分别亲疏；"中世上贤而说仁"，即推崇有德性和才能的贤人仁者；"下世贵贵而尊官"，即尊奉有权势的达官君卿。（《商君书·开塞》）商鞅认为这三个阶段是一个不断向前进化的发展过程。韩非继承并发展了历史进化论思想，他认为中国历史迄今已经历了"上古"（有巢氏、燧人氏）、"中古"（尧、舜、鲧、禹）和"近古"（殷、周）几个阶段，这比较具体地说明了人类社会从野蛮到文明的进化过程。

三、中华优秀传统文化集萃

1. 喜怒哀乐之未发，谓之中；发而皆中节，谓之和。

【注释】该句出自《中庸·天命》。这句话体现出传统文化中对于个人精神修养的要求。"中"与"和"在儒家思想中代表个人心性和精神的理想状态。

2. 不患寡而患不均，不患贫而患不安。盖均无贫，和无寡，安无倾。

【注释】该句出自《论语·季氏》。意思是，不担心财富少，只是担心财富分配不均匀；不担忧人民获得太少，只担忧境内不安定。若是财富平均，便无所谓贫穷；境内和平团结，便不会觉得财富少；境内平安，国家便不会倾倒。

3. 有恒产者有恒心，无恒产者无恒心。

【注释】该句出自《孟子·滕文公上》。大意是，有一定的财产收入的人，才有一定的道德观念和行为准则；没有一定的财产收入的人，便不会有一定的道德观念和行为准则。意思是必须让百姓拥有固定的收入才能使社会变得稳定和谐。

4. 太和所谓道。

【注释】该句出自张载《正蒙·太和》。意思是“和”就是道，是人类最高的理想追求，即最佳的整体和谐状态。

5. 天之道，损有余而补不足。人之道则不然，损不足以奉有余。孰能有余以奉天下？唯有道者。

【注释】该句出自《老子》第七十七章。意思是，自然的法则，是损减有余来补充不足。人类社会世俗的作法却不然，是损减贫穷不足来供奉富贵有余。谁能将有余供奉天下呢？只有有道之人。

6. 以兼相爱、交相利之法易之。

【注释】该句出自《墨子·兼爱中》。意思是用所有的人都相互爱护，同时相互给予利益的方法来改变丑恶的时弊。墨子认为，做有利于他人之事，并不意味着只利于他人，其实利益是相互的，因而决不可做牺牲他人的事情。

7. 百姓昭苏，协和万邦。

【注释】该句出自《尚书·尧典》。《周易·乾卦》说："首出庶物，万国咸宁。"即主张万邦团结，和睦共处。古代中国主张以和平的、公正的、文明的手段来解决争端，建立和谐共处，协和万邦的命运共同体。

8. 万物各得其和以生，各得其养以成。

【注释】该句出自《荀子·天论》。意思是，天下万物，各自得到各自的和气而生成，各自得到各自的滋养以成长。天地合气，万物自生。世界因"和"而存在，世界因"和"而发展，这就是自古及今，中华传统的世界观。

9. 耕者有其田。

【注释】孙中山明确提出"耕者有其田"的主张。他认为：由于农民占中国人口的大多数，社会改革要彻底，就必须使"耕者有其田"。孙中山的"耕者有其田"，反映了人们对社会改革的理想与追求。

10. 天将降大任于是人也，必先苦其心志，劳其筋骨，饿其体肤，空乏其身，行拂乱其所为，所以动心忍性，曾益其所不能。

【注释】该句出自《孟子·告子下》，意思是天将要把重大任务落到某人身上，一定先要苦恼他的心意，劳动他的筋骨，饥饿他的肠胃，穷困他的身体，他的每一行为总是不能如意，这样，便可以触动他的心意，坚韧他的性情，增加他的能力。

四、延伸阅读

孔子理想中的“大同”世界

“大同”世界，是中华民族炎黄子孙孜孜以求的理想社会。这是孔子对上古尧、舜时代高度崇敬与对人类未来美好憧憬的产物。

“大道之行，天下为公”，明确阐释了孔子的民主思想。孔子所说的“大道之行”就是指推行古代尧、舜的圣贤之道。尧是一位很贤德的帝王，在他的治理下，不仅天下太平，人人称颂，而且他还把帝位禅让给了德才兼备的舜。舜也不负众望，继续把天下治理得井井有条，史称“太平盛世”，并把帝位禅让给了善于治理水患的大禹。尧、舜都没有把天下作为自己一家一姓的天下，而是作为天下人的天下，因此孔子对他们推崇备至。

“选贤与能，讲信修睦”，明确提出了具有民主意识的社会精英治理结构。儒家的圣贤们主张把有德有才的人选拔上来治理天下，形成一个社会精英治理阶层。这在数千年之前，是具有何等的民主意识与超前意识。儒家的另一位代表人物孟子更大胆地提出了“民为贵，社稷次之，君为轻”的民本主义思想。把儒家的民主思想推到了一个历史的高度。

以孔子为代表的儒家圣贤们打造与构想了一个“天下为公”，仁德治国，以人为本，人民安居乐业的“大同”世界。这也是迄今人类共同追求的美好未来。

（节选自苗德乾. 亲近孔子. 湖北教育出版社，2018）

第三章

传统文化融入反帝反封建斗争史教育

第一节　反对外国侵略的斗争及资产阶级民主主义革命

一、主要内容分析

近代以来，中国在西方列强的侵略下，逐渐演变为半殖民地半封建社会。一部中国近代史，是中华民族遭受帝国主义侵略、压迫、掠夺、剥削的历史，同时也是中国人民反抗外来侵略的斗争历史。中国的志士仁人怀着强烈的忧患意识和变革思想，历尽千辛万苦，不怕流血牺牲，去探索挽救中华民族危亡、实现民族复兴的道路。辛亥革命是20世纪中国第一次伟大的历史性巨变，它结束了统治中国两千多年的封建君主专制制度，是一次比较完全意义上的资产阶级民主革命，成为近代以来中国人民所一直追寻的实现中华民族伟大复兴“中国梦”的发端。

二、教育教学中传统文化相关问题

1. 中国古代文明丰富多彩、灿烂辉煌

中华民族具有悠久的文明史，并创造了灿烂的中华文化，在人类文明发展史上占据重要地位。造纸术、印刷术、火药、指南针四大发明，是中华民族奉献给人类的杰出成果，推进世界文明史进程。英国人李约瑟在《中国科学技术史》中写道：“在现代科学技术登场前十多个世纪，中国在科技和知识方面的积累远胜于西方。”西汉以来形成的丝绸之路，更是让世界了解中华文明，中国生产的丝绸、瓷器通过这条商路，闻名世界。古代中国的哲学人文思想博大精深，文化典籍浩如烟海，如：《诗经》、楚辞、汉赋、唐诗、宋词、元曲、明清小说等，在世界都有影响。这些都是古代中国人民勤劳、智慧的结晶，是对人类文明进步作出的贡献。

2. 近代的救亡图存与中华民族忧患意识

忧患意识是中华民族精神中的一个重要内容。所谓“居庙堂之高则忧其民，处江湖之远则忧其君”“忧其民者，忧民生之艰辛也；忧其君者，忧肉食者之失德也”（范仲淹《岳阳楼记》）。从屈原的忧君忧国到范仲淹的“先天下之忧而忧，后天下之乐而乐”，陆游的“位卑未敢忘忧国”，顾炎武的“天下兴亡，匹夫有责”等

都反映了古代士大夫深沉的忧患意识。而历史发展到近代，面对国家民族空前的危机，这种忧患意识则发展为救亡图存的社会思潮。

1840 年鸦片战争后，民族的生存和发展遇到了前所未有的挑战。民族危机的日益严重又引发和激化了社会的种种矛盾，社会危机此起彼伏。纵观近代中国，富有牺牲精神的爱国主义者的思想深处，都曾有强烈的忧患意识，这是对祖国命运的担忧。近代的忧患意识烙上了属于时代的印记。

三、中华优秀传统文化集萃

1. 我劝天公重抖擞，不拘一格降人才。

【注释】该句出自清代龚自珍《乙亥杂诗》。大意是，我希望皇帝重新振作精神，不要局限于一种规格或方式去选用治国的人才。在对社会现实的批判中，龚自珍逐步认识到进行社会改革的必要。龚自珍作为晚清地主阶级进步思想的代表，开创了鸦片战争前夕思想解放的风气。

2. 苟利国家生死以，岂因祸福避趋之。

【注释】林则徐，福建侯官（今福建福州）人，近代杰出的爱国政治家、思想家和诗人。该句是其人生信条。林则徐主持的虎门销烟是中国近代禁烟历史上取得的一次伟大胜利。林则徐还组织人力翻译外国书报，编译了介绍世界历史、地理和政情的《四洲志》《洋事杂录》等。他提倡以一种务实的态度去了解世界、认识世界。

3. 师夷长技以制夷。

【注释】该句出自清代魏源《海国图志》。魏源，湖南邵阳人，他在林则徐所辑《四洲志》的基础上扩编整理成《海国图志》。魏源明确提出“师夷长技以制夷”的思想，对洋务运动和变法思潮的兴起，产生深远影响。

4. 天下兴亡，匹夫有责。

【注释】该句最早出自明末清初顾炎武《日知录·正始》。顾炎武，江苏昆山人，明亡后，他在昆山等地参加抗清斗争。顾炎武区分了“国家”和“天下”两个概念，认为普通民众对保天下也负有责任。

5. 振兴中华。

【注释】孙中山先生是伟大的民族英雄、伟大的爱国主义者、中国民主革命的先驱。在资产阶级民主主义革命过程中，他第一个响亮喊出“振兴中华”的口号。振兴中华，就是要实现中华民族伟大复兴。

6. 革命尚未成功，同志仍需努力。

【注释】该句是孙中山先生临终之际的遗言，也是他对国家和民众的嘱咐与期望。

7. 世界潮流，浩浩荡荡，顺之者昌，逆之者亡。

【注释】该句是孙中山观钱塘江大潮的题词。启发我们要顺应时代发展的潮流，善于从实践中学习，把握潮流方向，明确责任和担当。

8. 少年强则中国强。

【注释】该句出自梁启超《少年中国说》。这篇文章驳斥了自暴自弃、崇洋媚外的奴性心理，唤起国人的爱国热情，激起民族的自尊心和自信心，指出在民族解放过程中，青年的力量尤为重要。

9. 四万万人齐下泪，天涯何处是神州。

【注释】该句出自谭嗣同的七言绝句《有感》。当时，《马关条约》签订对谭嗣同刺激极大，诗人感怀国家的懦弱与苦难，困惑国家的出路在何方，不禁与同胞们一起潸然泪下。该句体现警醒奋争、不屈不挠的民族精神。

10. 有心杀贼，无力回天，死得其所，快哉快哉！

【注释】该句出自谭嗣同的临刑绝笔。谭嗣同参与戊戌变法，变法失败后被捕，和五位同伴从容就义，史称“戊戌六君子”。谭嗣同临刑前大呼此句，表现了为民族大义视死如归的气节与壮志豪情。

四、延伸阅读

法国作家雨果关于圆明园的一封信

1861年，法国文豪维克多·雨果在给他的朋友、参加过第二次鸦片战争英法联军的巴雷特大尉的一封信中，严厉地谴责了英法联军在圆明园犯下的罪行，表达了这位文坛巨匠令人尊敬的正义感和坦荡襟怀。

致巴雷特大尉：

1861年11月25日

您很想知道我对军事远征中国一事的看法。既然您认为这次远征是一桩豪迈而又体面的事情，那就只好劳驾您对我的看法赋予一定的意义。在您看来，维多利亚女皇和拿破仑皇帝的联合舰队所进行的这次远征真是无上的荣耀，而且还是法兰西和英吉利共同分享的一次荣光，因此您很想知道，我对英法的这次胜利是否有充分的认识。

既然您想听听我的意见，那我就来谈谈我的看法。

……

有一天，两个强盗闯入了圆明园，一个动手抢劫，一个把它付诸一炬。原来胜利就是进行一场掠夺，胜利者盗窃了圆明园的全部财富，然后彼此分赃。这一切所作所为，均出自额尔金之名。

这不禁使人想起帕特农神殿的事。他们把对待帕特农神殿的手法搬来对待圆明园，但是这一次做得更是干脆，更是彻底，一扫而光，不留一物。

……

在将来交付历史审判的时候，有一个强盗就会被人们叫作法兰西，另一个，叫作英吉利。

不过，我要在这里提出这样的抗议，而且我还要感谢您使我有机会提出我的抗议。绝对不能把统治者犯下的罪行跟受他们统治的人们的过错混为一谈。做强盗勾当的总是政府，至于各国的人民，则从来没有做过强盗。

法兰西帝国侵吞了一半宝物，现在，它居然无耻到这样的地步，还以所有者的身份把圆明园的这些美轮美奂的古代文物拿出来公开展览。我相信，总有这样的一天——这一天，解放了的而且把身上的污浊洗刷干净了的法兰西，将会把自己的赃物交还给被劫夺的中国。

我暂且就这样证明：这次抢劫就是这两个掠夺者干的。

阁下，您现在总算知道了，我对这次军事远征中国的事情，是有充分的认识的。

（节选自程代熙译. 雨果关于圆明园的一封信. 光明日报，1962-03-29）

第二节　开天辟地的大事变

一、主要内容分析

辛亥革命失败后，为了挽救国家的危亡，中国的先进分子经过反复的比较、推求，最终选择了马克思主义。中国共产党应运而生，这是中华民族历史上开天辟地的大事变。中国革命的实际要求，马克思主义一定要与中国革命实践、中国历史、中国文化的结合，实现马克思主义中国化。无论是中国共产党，还是社会主义都是植根于具有深厚历史传统和文化传统的中国大地，当然应该重视中国的历史和文化遗产，重视中华传统文化对中国社会结构、对中国人的民族性格、对中国人的思想和价值观念的深刻影响。只有继承中华传统优秀文化，马克思主义才能在中国取得胜利。

二、教育教学中传统文化相关问题

新文化运动。新文化运动是20世纪初中国先进知识分子发起的反对封建主义的思想解放运动，其基本口号是拥护“德先生”和“赛先生”，也就是提倡民主和科学。陈独秀在上海创办《青年杂志》，后改名《新青年》，标志着新文化运动的发端。新文化运动的倡导者以进化论观点和个性解放思想为主要武器，大力提倡新道德、反对旧道德，提倡新文学，反对文言文。一大批知识分子发表文章、抨击时弊，传播西方科学、民主理念，冲击了绵延千年的封建正统思想的统治地位，唤醒了作为国家民族脊梁的青年群众，在社会上掀起了一股思想解放的潮流。这就为马克思主义在中国的传播，创造了有利条件。

三、中华优秀传统文化集萃

1. 我以我血荐轩辕。

【**注释**】该句出自鲁迅的诗《自题小像》。全诗大意是：我的爱国之心是无法改变的，即使我们国家大多数老百姓不理解我，那么我也要以我的鲜血报答国家，用我的鲜血使我的民族复兴起来。轩辕，即轩辕黄帝，中华民族的人文始祖，在这里代指中华民族。这首诗表达了鲁迅把自己献给祖国的赤子之心。

2. 我们自古以来，就有埋头苦干的人，有拼命硬干的人，有为民请命的人，有舍身求法的人。

【注释】该句出自鲁迅的杂文《中国人失掉自信力了吗》。九一八事变后，中国东北沦陷，官僚政客和所谓社会名人散布“中国人失去了自信力”的失败主义论调。鲁迅于九一八事变三周年之际，撰写这篇杂文，反驳了当时社会上对抗日前途的悲观论调，鼓舞了民族抗日救亡的信心。

3. 横眉冷对千夫指，俯首甘为孺子牛。

【注释】该句出自鲁迅《自嘲》。大意：对敌人决不屈服，对人民大众甘心像牛一样俯首听命。“孺子牛”的原义是指父母对子女的过分疼爱，经过这句诗的化用，后来常用于比喻心甘情愿为人民大众服务、无私奉献的人。

4. 铁肩担道义，妙手著文章。

【注释】该句出自新文化运动时期先进知识分子李大钊题写的对联。明代人杨继盛因为反对严嵩而惨遭杀害，在临刑前写下名联：“铁肩担道义，辣手著文章”。李大钊改“辣”为“妙”，该句是李大钊一生的追求和风范的生动写照，是他作为一个革命家兼学者的真实描绘。作为杰出的无产阶级革命家和党早期的重要领导人，李大钊具有矢志不渝的共产主义信仰、坚定不移的无产阶级立场。

5. 青年者，人生之王，人生之春，人生之华也。

【注释】该句出自李大钊《〈晨钟〉之使命——青春中华之创造》一文。李大钊担负起先进知识分子的责任，引领青年走上创造青春中华之路。李大钊寄语青年人要“为世界进文明，为人类造幸福”，而无产阶级革命与共产主义，是必由之路与终极目标。

6. 士不可以不弘毅，任重而道远，仁以为己任，不亦重乎？死而后已，不亦远乎？

【注释】该句出自《论语·泰伯》。大意是，曾子认为，读书人不可以不宽宏坚毅，因为他责任重大而路途遥远，把实现仁德作为自己的任务，难道不是重大吗？到死方才停止下来，难道不是遥远吗？在几千年的历史发展中，社会责任感和历史使命感一直是流淌在中华民族血液中的精神元素。

7. 生当作人杰，死亦为鬼雄。

【注释】该句出自宋代李清照的诗《夏日绝句》。意思是活着要做人中之杰出者，死了要做鬼中之雄杰者。这首诗借项羽垓下之战后不肯过江东、自刎乌江的典故，讽刺了南宋朝廷的苟且偷生，抒发了希望抗战、收复故土的爱国情感和豪情壮志。

8. 志当存高远。

【注释】该句出自三国时期诸葛亮的《诫外甥书》。意思是，一个人应当有崇高而远大的志向。而远大的志向，应是为国为民。诸葛亮一生为主尽忠，数次北伐，用兵如神，被称为智圣。《诫外甥书》阐述该如何立志、修身、成才。立志当立大丈夫的志向，循着心中的理想，为国家、民族有所建树。

9. 砍头不要紧，只要主义真。杀了夏明翰，还有后来人。

【注释】夏明翰的《就义诗》。夏明翰，湖南衡阳人，1928 年初任中共湖北省委常委，同年在汉口被捕，英勇就义，时年 28 岁。夏明翰临刑前悲壮地写下了这首《就义诗》，激发无数有志之士勿忘理想、勇往直前。

10. 艰难困苦，玉汝于成。

【注释】该句由北宋张载《西铭》演变而来。意思是，要成大器，必须经过艰难困苦的磨练，人生中遇到的艰难困苦就像打磨玉石一样能够磨砺人的意志，使人终有所成。这句话成为很多历史名人发奋努力的座右铭。

四、延伸阅读

可爱的中国（节选）

不错，目前的中国，固然是江山破碎，国弊民穷，但谁能断言，中国没有一个光明的前途呢？不，决不会的，我们相信，中国一定有个可赞美的光明前途。中国民族在很早以前，就造起了一座万里长城和开凿了几千里的运河，这就证明中国民族伟大无比的创造力？中国在战斗之中一旦斩去了帝国主义的锁链，肃清自己阵线内的汉奸卖国贼，得到了自由与解放，这种创造力，将会无限的发挥出来。到那时，中国的面貌将会被我们改造一新。所有贫穷和灾荒，混乱和仇杀，饥饿和寒冷，疾病和瘟疫，迷信和愚昧，以及那慢性的杀灭中国民族的鸦片毒物，这些等等都是帝国主义带给我们可憎的赠品，将来也要随着帝国主义的赶走而离去中国了。朋友，我相信，到那时，到处都是活跃的创造，到处都是日新月异的进步，欢歌将代替了悲叹，笑脸将代替了哭脸，富裕将代替了贫穷，康健将代替了疾病，智慧将代替了愚昧，友爱将代替了仇恨，生之快乐将代替了死之忧伤，明媚的花园将代替了暗淡的荒地！这时，我们民族就可以无愧色的立在人类的面前，而生育我们的母亲，也会最美丽地装饰起来，与世界上各位母亲平等的携手了。

这么光荣的一天，决不在遥远的将来，而在很近的将来，我们可以这样相信的，朋友！

……

亲爱的朋友们，不要悲观，不要畏馁，要奋斗！要持久的艰苦的奋斗！把各人所有的智慧才能，都提供于民族的拯救吧！无论如何，我们决不能让伟大的可爱的中国，灭亡于帝国主义的肮脏的手里！

（节选自方志敏. 方志敏文集. 人民出版社，1985）

第三节　中华民族的抗日战争

一、主要内容分析

在中华民族抗日战争中，中国人民面对侵略者，众志成城、不屈不挠、共御外侮，为民族、国家、尊严而战，彻底打败了日本军国主义侵略者，捍卫了中华民族 5000 多年发展的文明成果，捍卫了人类和平。中国人民抗日战争的胜利，是近代以来中国抗击外敌入侵的第一次完全胜利，从此，开辟了中华民族伟大复兴的光明前景。中华民族的抗日战争，促进了中华民族的大团结，弘扬了以爱国主义为核心的中华民族的伟大精神。

二、教育教学中传统文化相关问题

1. 中国古代军事典籍

《孙子兵法》是我国现存最早的一部军事著作，为古代军事家孙武所著。孙武是春秋末期齐国人，从齐国到南方吴国，经伍子胥推荐，吴王阖闾得知他善于用兵，便重用为将。《孙子兵法》共 13 篇，论述了“计”“作战”“谋攻”“形”“势”“虚实”等军事问题。《孙子兵法》重视形势变化，强调在变化中思考和行动，蕴含丰富的军事辩证思想，对后世影响深远。

《老子》实际上也是一部中国古代体现兵学思想的典籍。唐代王真认为，《老子》“五千之言……未尝有一章不属于兵也”。近代思想家魏源认为：“《老子》其言兵之书乎。”可见《老子》蕴含着宝贵的兵学思想和军事智慧。老子倡导反对战争、呼吁和平、以奇用兵等，对后世的军事思想的发展产生了深远的影响。

《司马法》亦称《司马兵法》，是中国古老的兵法之一。所谓《司马法》就是先秦时代司马之官治军用兵的法典法令。《司马法》一书内容极其丰富，既包括战争的基本理论、治军原则和军制、军令、军礼等，还包括“慎战”与“备战”并重的国防建设理论。“有文事者，必有武备”，才能立于不败之地，这些思想至今仍有启示意义。

2. “中华民族”概念

19 世纪末 20 世纪初，在梁启超、孙中山等知识分子，率先使用“中华民族”这一称谓，经过不断发展和社会认同，最终“中华民族”成为中国 56 个民族所组成的共同体的代称。

九一八事变尤其是七七事变以后，中华民族到了最危险的时候，各民族共同投身抗日救亡运动。1939 年，毛泽东同志在《中国革命和中国共产党》一文中，开篇即以“中华民族”为题，从马克思主义民族平等的立场出发，阐明中国是一个多民族的国家，中华民族由中国各民族组成。经过抗日战争的洗礼，“中华民族”成为全国各族人民普遍认同的共同称谓。

三、中华优秀传统文化集萃

1. 实事求是。

【注释】出自班固《汉书·河间献王刘德传》。“实事求是”包含了对于客观实际和人的思维活动的正确认识，反映了从客观实际出发，通过调查研究探究事实真相的工作方法。实事求是才能掌握真实局面，并作出合理应对。

2. 《义勇军进行曲》

【注释】《义勇军进行曲》由田汉作词、聂耳作曲，每个音符都表现出强烈的战斗气氛，充满了中华民族同仇敌忾的豪迈气概。《义勇军进行曲》诞生后，像插上了翅膀，在祖国的大地上飞扬。1949 年第一届中国人民政治协商会议决定以《义勇军进行曲》为代国歌。2004 年第十届全国人民代表大会第二次会议正式将《义勇军进行曲》作为国歌写入宪法。

3. 三十功名尘与土，八千里路云和月。

【注释】该句出自宋代民族英雄岳飞的词《满江红·写怀》。岳飞，河南汤阴人，南宋抗金名将，著名军事家、战略家。该句透出雄壮之气，表现作者忧国报国的壮志胸怀。全词气势如虹，有浩然正气、爱国情怀和英雄气概，被广为传诵，不断激发起人们的爱国心与报国情。

4. 苏武牧羊

【注释】出自班固《汉书·苏武传》。苏武，字子卿，杜陵（今陕西西安东南）人，苏武是中国历史上坚持民族气节的代表人物之一。他受汉武帝的派遣，出使匈奴，被单于扣留。单于派人对苏武威胁利诱，但是苏武毫不动摇，被匈奴扣留 19 年中，受尽苦难，但忠贞不屈，回到汉朝时头发胡须都变成白了。在这篇人物传记中，班固倾注心力，刻画了苏武这一不朽的爱国者的形象。

5.《甲申三百年祭》

【注释】1944年是中国农历甲申年，历史学家郭沫若考察1644年李自成领导的农民起义胜之也速，败之也速的教训，写就这篇文章。《甲申三百年祭》说明：李自成的成功，是代表广大农民利益、顺乎民心的结果；李自成的失败，是骄傲自满、纵容腐败，从而失去民心的结果。当时，中国的抗日战争已处于胜利的前夜，中国共产党领导的革命力量空前壮大，历史证明：得民心者得天下。

6. 运用之妙，存乎一心。

【注释】该句出自《宋史・岳飞传》。原文："阵而后战，兵法之常；运用之妙，存乎一心。"意思是，打仗用兵的战术要运用得巧妙、灵活，就必须开动脑筋，善于思考。岳飞是南宋有丰富作战经验的杰出军事家，他富于谋略且用兵灵活。毛泽东在《论持久战》一文中引用该句。指挥作战要灵活地运用战略战术，奥妙就是善于思考和判断。

7. 凡事预则立，不预则废。

【注释】该句出自《礼记・中庸》。意思是：做任何事情，事前有准备就可以成功，没有准备就会失败。这反映的是原因和结果的关系。毛泽东《论持久战》引用该句，说明没有事先的计划和准备，就不能取得战争的胜利。

8. 无稽之言勿听，弗询之谋勿庸。

【注释】该句出自《尚书·大禹谟》。《尚书》记叙了古代君主谋划政事的远古史料。大意是，没有根据的话不要听信，没有征求过民意的谋划不要采用。中国的抗日战争依靠的是人民群众，是广泛的人民战争。

9. 天行健，君子以自强不息。

【注释】该句出自《周易·乾卦》。大意是，君子当效法天道之健，以自强不息，与之相应。该句最能体现中华民族深沉的精神追求与坚毅的个性品质。如同天的刚强劲健，人也应是刚毅坚定、力求进步卓越的。

10. 国富者兵强，兵强者战胜，战胜者地广。

【注释】该句出自《管子·治国》。大意是：国家富裕军队就强大，军队强大打仗就能取胜，打仗取胜国土就广阔。管子以善于治国著名于世，他主张辩证地看待国富与兵强的关系，认为国不富则不可以养兵，更谈不上强兵；只有以国富为前提，才能达到兵强的目的。管子的观点反映了经济基础在治理国家中的地位，具有朴素唯物主义的思想。

四、延伸阅读

抗日名将马本斋临终前训子“孝敬祖国”

马本斋，1901年出生于河北省献县的一个回族农民家庭，长大后随父亲到东北，之后投身奉军（东北军），1924年入东北讲武堂学习，讲武堂毕业后，从士兵一路升任奉军独立二十一师第四团团长。1931年九一八事变后，马本斋因不满蒋介石政府对日不抵抗政策，弃官卸甲，回到了故乡。

1937年7月，抗战全面爆发，马本斋挺身而出，组织了回民抗日武装——回民义勇队，开始同日本侵略者英勇斗争。1938年4月，马本斋率队参加八路军，同年加入中国共产党。

1942年8月，回民支队奉命到达冀鲁豫抗日根据地，马本斋被任命为冀鲁豫军区第三军分区司令员兼回民支队司令员。改编后的回民支队有2000多人，成为一支能征善战的抗日劲旅。

马国超是马本斋的儿子。今年已76岁的马国超老人还记得，父亲临终时把他叫到身边，艰难写下“中国”两个字。马本斋对儿子说：“我们的国家就叫中国，你长大以后要像孝敬父母一样来孝敬我们的祖国。”当时马国超只有4岁。

［节选自曹忆蕾. 马本斋：临终训子要“孝敬祖国”. 中国青年报，2015-09-01（03）］

第四节　为新中国而奋斗

一、主要内容分析

抗日战争胜利后，中国共产党根据国际国内政治形势的特点制定争取和平民主的方针，提出“和平、民主、团结”的口号，通过谈判和政治协商，与民盟等中间势力进行合作，结成最广泛的统一战线，赢得民心。“得民心者得天下”“得天下在于得民”“民为政之本”，一个政权的命运，最根本取决于其对人民的态度。

二、教育教学中传统文化相关问题

1. 备战不好战——中国古代关于战争性质的思考

《周易·系辞下》中有“安而不忘危，存而不忘亡，治而不忘乱”的认识。孔子也提出“有文事者，必有武备；有武事者，必有文备”（《孔子家语·相鲁》）的主张。《孙子兵法》：“道者，令民与上同意也，故可与之死，可与之生，而民不畏危……”（《孙子兵法·计》）。按照我们今天的理解，就是为谁打仗的问题，就是战争的性质问题。孟子也说过：“得道者多助，失道者寡助。”（《孟子·公孙丑下》）。从中可以看出，孙子和孟子，都把民心向背作为决定战争胜负的首要因素。“得道”，就是得民心、顺民意。看一切军事决策、军事行动是否正确，就要考量其是否符合民众的根本利益，是否顺应军心民意，能否得到广大民众的拥护和支持。中国古代军事文化思想，也是中华民族智慧的集中体现。

2. 反对专制的思想

黄宗羲，字太冲，浙江余姚人，明朝灭亡后举兵抗清，坚持八年而失败。此后，他多次拒绝清政府征召，专注学术，一生著述有《明夷待访录》《孟子师说》《宋元学案》等。黄宗羲目睹了明末清初的改朝换代和社会巨变，深刻反思君主专制的弊害，形成了以

"天下之法"取代"一家之法"的政治设想。

黄宗羲用以区分一家之法与天下之法的标准是一个"公"字。他认为，天下既然不是一家的天下，那么，法度就应该是为天下之人设定的，维护的是天下之人的利益，而非一家一姓的利益。一家之法是导致国家政治秩序混乱的根本原因。他提出"天下之法"的命题具有一定的超越性，体现了他对君主专制的反思，对于后世走出专制、进入共和具有启发意义。

三、中华优秀传统文化集萃

1. 民为贵，社稷次之，君为轻。

【注释】该句出自《孟子·尽心下》。战国时期是社会经济变革和政治斗争复杂的时代，如何富国强兵、长治久安，成为思想家关注的问题。孟子总结各国治乱兴亡的规律，提出了这一富有民本思想的著名命题。孟子十分重视民心的向背，他通过大量历史事例反复阐述这是关乎国家存亡的关键问题。该句是孟子民本思想的重要体现。

2. 乐民之乐者，民亦乐其乐忧；民之忧者，民亦忧其忧。乐以天下，忧以天下，然而不王者，未之有也。

【注释】该句出自《孟子·梁惠王下》，是孟子民本思想的重要观点。大意是，以百姓的快乐作为快乐的人，百姓也把他的快乐作为快乐；以百姓的忧患作为自己的忧患的人，百姓也会把他的忧患作为忧虑。把天下的快乐作为自己的快乐，把天下的忧患作为自己的忧患，如此却不能称霸天下的，还未曾出现。孟子还提出“独乐乐”不如“与人乐乐”，“与少乐乐”不如“与众乐乐”的思想，这也是后来“与民同乐”“先天下之忧而忧，后天下之乐而乐”思想的渊源。

3. 闻之于政也，民无不为本也。国以为本，君以为本，吏以为本。故国以民为安危，君以民为威侮，吏以民为贵贱。此之谓民无不为本也。

【注释】该句出自汉代贾谊《新书·大政上》。大意是：听说治国理政者，没有不把人民当作根本的。国家以民为根本，君王以民为根本，官吏以民为根本。所以国家把民众的意志作为决定安危的依靠力量，君王把民众的意志作为决定得威或受辱的依靠力量，官员把人民的意志作为决定自己贵贱的依靠力量。这就是民众力量无处不在。

4. 善为国者，遇民如父母之爱子，兄之爱弟，闻其饥寒为之哀，见其劳苦为之悲。

【注释】该句出自西汉刘向《说苑·政理》。周武王向姜太公询问治国之道，太公答道：善于治理国家的人，对待民众就如同父母疼爱自己的孩子、兄长关爱自己的弟弟一样，听到他们忍饥受冻便感到哀痛，看到他们劳苦不堪便感到伤悲。该句也是成语“爱民如子”的由来。爱民是刘向民本思想的主要内容。

5. 为政之道，以顺民心为本，以厚民生为本，以安而不扰为本。

【注释】该句出自宋代程颐《代吕晦叔应诏疏》。程颐，字正叔，洛阳伊川人，北宋理学家和教育家。程颐与其兄程颢共创“洛学”，为理学奠定了基础，历史上称“二程”。该句大意是：执政的道理，要以顺应百姓的愿望为根本，以使百姓生活充裕为根本，以使百姓安定不受侵扰为根本。

6. 天下何以治？得民心而已！天下何以乱？失民心而已！

【注释】该句出自清代王韬《弢园文录外编》。王韬，苏州人，晚清思想家，1874 年创办日刊报纸《循环日报》，并每期发表一篇针对时局的文章。中国传统民本思想主张“民惟邦本”“民贵君轻”，但统治者时常把自己看作决定国家命运的当然主宰者。王韬对这种“本末颠倒”做法提出了严厉的警告，将中国古代民本思想引向近代民主主义思想。

7. 得众则得国，失众则失国。

【注释】该句出自《大学》。意思是：为政者能够得到民心，就能治理好国家，如果失去了民心，国家就会走向灭亡。所在段落通过追述商朝往事来告诫当世，强调民心在国家治理中的重要性。该句与孟子的“得道者多助，失道者寡助”一样，都阐述了民心向背是关乎国家兴亡的根本。

8. 民惟邦本，本固邦宁。

【注释】该句出自《尚书·五子之歌》。《尚书》相传为孔子编订。这篇歌词讲述大禹的五位孙子在被放逐途中回忆皇祖训诫、抒发怨愤之情。大意是，祖父（大禹）曾经训示我们说：百姓可以亲近，不可以轻贱失礼。百姓是国家的根基，百姓安定了，君位就稳固了，天下也就太平了。该句反映了中国较早的民本思想。

9. 奢靡之始，危亡之渐。

【注释】该句出自北宋欧阳修等编撰的《新唐书·列传第三十·褚遂良》。唐太宗第四个儿子被封为魏王，生活奢侈，朝中不断有人谏言，太宗不以为然，褚遂良以此句劝诫。意思是：奢侈糜烂的开始就是国家危亡的征兆。该句道出了不断重演的历史规律性现象。历朝历代“其兴也勃焉，其亡也忽焉”的历史教训值得深思。

10. 三命而俯。

【注释】该句最早出自《左传·昭公七年》，也见于《史记·孔子世家》。孔子的祖先正考父是春秋时期宋国大夫，深受三代国君倚重，官拜上卿，依然保持着谦谦君子之态。他在家庙铸鼎铭文：

“一命而偻，再命而伛，三命而俯”。大意是：接受权位的册命，一命时欠身前倾，二命时弯腰鞠躬，三命时俯身如弓。权位越高，为人处世越发谦恭。

四、延伸阅读

杨震“四知拒金”

杨震，字伯起，陕西华阴人，是东汉时期著名的学者。他五十岁入仕，为官清廉，两袖清风，后来位至三公。“四知拒金”之事，始载于《后汉书·杨震传》。有人深夜怀金相赠，说：“暮夜无知者。”但杨震却义正词严地驳斥道：“天知、地知、我知、子知。何谓无知？”送金者“愧而出”。

杨震不但洁身自好，还敢于挺身而出批判官场恶习。对于皇亲贵戚，他也敢于直言不讳。皇帝的舅父、皇后的哥哥等，向杨震推荐自己的亲友入朝做官，杨震知道这些人不堪胜任，都断然拒绝。这样的人品、家风，成为对儿孙最好的馈赠。史书记载，杨震家门四世清白、家风廉正。其子杨秉最初隐居乡里教书，四十余岁才出来做官，有其父之风。有故旧部下以百万钱相送，他“闭门不受，以廉洁称”。杨秉之子杨赐官居太尉，杨震曾孙杨奇、杨彪，皆有祖上清廉之风。杨震“清白吏子孙”的家风，千古传颂。

（节选自人民日报评论部. 习近平讲故事. 人民出版社，2017）

第四章

传统治理智慧在现代化治理中传承

第一节　中国古代创新意识

一、主要内容分析

“创新、协调、绿色、开放、共享”发展理念是我国长时期的发展方向、思路和着力点，是我国经济社会发展必须坚持的重要遵循。其中，“创新”列第一位。创新是一个民族进步的灵魂，是一个国家兴旺发达的不竭动力。中华文明史就是一个不断创新的过程。创新意味着改变，推陈出新、气象万新、日新月异、革故鼎新、与时俱进、焕然一新，说的都是变化。自然界是变化的，社会历史也是变化的。“易穷则变，变则通，通则久”“变通者，趋时者也”。(《周易・系辞下》）大禹治水，以疏变堵，让人民的生命财产免受水患。“周虽旧邦，其命惟新”“凡益之道，与时偕行”“法与时变，礼与俗化”，体现了传统文化中强烈的创新意识。

二、教育教学中传统文化相关问题

1. 中国古代“通古今之变”的社会历史观

中国传统哲学在考察事物运行状态时，通常要求把前后相继的历史现象贯通起来，力图把握社会变化无常的动因、本质，被称为“通古今之变”，这也是中国古代早期的社会历史观。

在先秦典籍中，论述变革最多的当推《易传》。《易传》阐释了最早的历史进化论观点，认为历史是一个不断进化的过程，肯定社会变革具有推动历史进步的重要性。在春秋战国时期，中国出现了波澜壮阔的变法运动，把中国社会向前推进了一大步，商鞅变法就是其中的代表。在那之后，历朝历代的变法和改革都在不同程度上回应了当时的社会呼声。

2. 中华民族的忧患意识

对天命的敬畏，对未来的恐惧，对时事变化的反思，产生了中国古代忧患意识。诸子百家中很多先哲都从不同角度阐发忧国忧民思想。忧患意识成为对现实反思的经验总结，它不仅指对个人得失的忧虑，更重要的是君子对社会责任的承担。历史上许多杰出政治家、思想家都表现出强烈的忧患意识，如汉文帝、诸葛亮、王安石、张居正、范仲淹、孙中山等等。忧国、忧道、忧天下，正是这种忧患意识，中华民族能够顺势应变，防患于未然，中华文明能够生生不息，未曾中断。

三、中华优秀传统文化集萃

1. 周虽旧邦，其命惟新。

【注释】该句出自《诗经·大雅·文王》。原文："文王在上，於昭于天。周虽旧邦，其命维新"。大意是，周文王禀承天命，昭示天下：周虽然是旧的邦国，但其使命在革新。表明求新是一个持续不断的过程，代表着中国文化的基本精神，是激励中华民族不断创新、不断前进的思想源泉。

2. 知其事而不度其时则败。

【注释】该句出自唐代陆贽的《论缘边守备事宜状》。意思是：仅仅知道事情本身却不懂得审时度势就会失败。我们想问题、办事情不能拘泥于旧传统，须要观察所处的客观环境，根据形势变化发展作出决策。

3. 橘生淮南则为橘，生于淮北则为枳。

【注释】该句出自《晏子春秋·内篇·杂下》。大意是，橘子生长在淮南就叫作橘子，生长在淮北就叫作枳子。橘子和枳子本为一物，因为南北方的土壤、气候不同，生长出来的果实有很大差别，说明环境对事物的影响。

4. 一阴一阳之谓道。

【注释】语出《易经·系辞上》：“一阴一阳之谓道，继之者善也，成之者性也。”中国古人早就知道矛盾的客观存在，认为事物都有阴阳两个方面、两种力量，相反相成。人的认识和实践活动，须要不断认识矛盾、解决矛盾。

5. 见善则迁，有过则改。

【注释】该句出自《周易·益卦》。大意是，见到美好的事物就自觉去学习，自己有过失就努力改正。《周易》树立了中华传统文化中关于“善”与“过”的态度标准，树立了传统价值观中克己修身、养德向善的品格要求。

6. 凡益之道，与时偕行。

【注释】该句出自《周易·益卦》。意思是：损益之道，重点在“时”，时当益则益，时当损则损。成语与时俱进即来源于此。这告诉我们，创新不是随波逐流，关键在于把握大势，跟上时代步伐。

7. 学如逆水行舟，不进则退。

【注释】该句出自《增广贤文》。大意是：学习如同船在逆水中，如果不往前进就会顺着水往后退。该句阐述了学习当持之以恒，不可一曝十寒，说明保持进取创新的重要性。

8. 不慕古，不留今，与时变，与俗化。

【**注释**】该句出自《管子·正世》。意思是，不崇拜古时，也不完全停止在今天，一切依据时代变化而变，随风俗变化而变。中国历史证明，变革是社会发展的一般规律，变革是改造世界的重大力量。

9. 三人行，必有我师焉。择其善者而从之，其不善者而改之。

【**注释**】该句出自《论语·述而》。大意是：几个人一块走路，其中一定有可以为我所取法的人，我选取优点而学习，看出缺点而改正。该句阐述向社会群体中优秀的人学习，以进步图新、提升自己。

10. 明者因时而变，知者随事而制。

【**注释**】该句出自西汉桓宽的《盐铁论·忧边》。大意为，聪明的人会根据时局的不同而改变行事策略，智慧的人会随着事情的不同而改变处理问题的方法。处理事情要因时制宜、因地制宜，根据情境、形势的不同而灵活变通，凸显的是改革创新的意义。

四、延伸阅读

韩非子“世异则事异”的历史观

韩非，是韩国公子，我国古代著名的哲学家、思想家，先秦法家思想的集大成者。韩非的思想是新兴地主阶级变革实践在理论上的反映。他继承和发展了前期法家思想历史进化论观点，认为历史是不断变化的，肯定历史发展的阶段性。他认为，物质条件古今不同，故君主治国并无古律可循，亦无常法可遵。因此，他反对把社会历史看作是一成不变的，讽刺儒家赞美尧、舜、禹、汤、武的政治，“欲以先王之政，治当世之民，皆守株之类也”。他认为，在一定物质条件的基础上人们解决的主要问题是不同的，问题不同，解决的方法也就不同，如果用旧方法解决新问题，就像“守株待兔”一样可笑。

韩非认为，古时尧舜禅让，不是因为他们的觉悟有多高，而是因为帝王的生活很苦，禅让天下，实际上是解除了自己的困难。当今之世，一个小小的县令也不肯轻易辞职，因为县令的生活比古代的帝王还优裕。韩非试图从社会经济的发展、物质生活的条件来解释道德现象，说明社会变化发展的原因，具有合理性。但是，他把社会进步和治乱的原因归结为财富的多寡和人口的多少，而没有看到不同利益集团之间争取利益的斗争，即阶级斗争是推动社会前进的直接动力，则是其历史局限性。

（节选自《中国哲学史》编写组. 中国哲学史：上册. 人民出版社，2012）

第二节　中国古代民本主义思想

一、主要内容分析

中国传统民本思想博大精深，其核心就是一个“民”字。具体表现为：思想上爱民、重民。如，孟子提出“民为贵”；在政治上亲民、用民。如，孔子提出“道之以政，齐之以刑，民免而无耻；道之以德，齐之以礼，有耻且格”（《论语·为政》）。在经济上主张富民、利民。管子提出“治国之道，必先富民。民富则易治也，民贫则难治也”（《管子·治国》）。中国古代民本主义思想是古代开明政治家遵从的治国理念，成为他们治国安邦的重要原则，深刻影响了中国历史的发展。

二、教育教学中传统文化相关问题

中国传统民本思想。中国传统的民本思想源远流长，最早起源于商周，在春秋战国时期逐渐形成，经过汉、唐、宋、明诸朝的不断丰富完善，于明末清初达到顶峰。从“民惟邦本”到“民贵君轻”再到“民主君客”，中国传统的民本思想尽管阐释方式经历了诸多变化，但都影响着各个朝代执政者的统治政策。由于时代的原因，民本思想存在局限性，传统民本思想肯定了民众在国家治理、社会生活中的基础地位和作用，主张爱民、重民、顺民、富民、利民的政策和措施，在一定程度上限制了王权，维护了民众利益。但传统民本思想建立在以封建王权为核心、以宗法关系为纽带的上层建筑基础上，决定了古代民本思想并不完善，在现代化治理中应该辩证看待。

三、中华优秀传统文化集萃

1. 凡治国之道，必先富民。

【注释】该句出自管仲《管子·治国》。意思是，凡是治国的道理，一定要先使人民富裕。管仲认为发展农业生产最为重要，同时也发展工商业。他根据齐临近东海盛产鱼、盐的优势，而发展渔、盐业，并设立渔、盐、铁官职进行行业管理，特别是鼓励渔、盐贸易，繁荣经济，富国利民。

2. 要使耕者耕，工者工，贾者贾，何损于大同之世。

【注释】该句出自王夫之《读通鉴论》。王夫之对于商业贸易给予充分肯定，特别强调钱货交换的重要性与必要性。社会分工明确之后生产各种产品，贸易是人们日常生活中的互通有无，商业是社会经济的一部分，货畅其流才能民富国强。

3. 足寒伤心，民寒伤国。

【注释】该句出自东汉荀悦的《申鉴·政体》。大意是，脚底受寒，容易生病伤害身体，老百姓贫寒容易损害国力。荀悦将古代封建社会的国君臣民比喻为人体足部和全身的关系。老百姓的生活状况，牵系着整个国家的强弱和安危，这是古代朴素的民本思想。

4. 乐以天下，忧以天下。

【注释】该句出自《孟子·梁惠王下》。大意是，让天下快乐，为天下忧虑。百姓是国家政权巩固的基础，为百姓的生活喜乐而操心忧愁是社会管理者的分内之事。

5. 得天下有道。

【注释】该句出自《孟子·离娄上》。意思是，得天下是有方法的。——得到百姓的支持就得到了天下。赢得民心，就赢得了百姓的支持。体现了孟子的亲民思想。

6. 百姓足，君孰与不足？百姓不足，君孰与足？

【注释】该句出自《论语·颜渊》。大意是，如果百姓的用度够，君主怎么会不够呢？如果百姓的用度不够，君主怎么又会够呢？反映了儒家学派的“富民”思想。只要百姓日子富足了，国家就不可能贫穷。对百姓征收过甚，必将使民不聊生，国家财政收入也无从取得。

7. 德惟善政，政在养民。

【注释】该句出自《尚书·大禹谟》。大意是：施德政就是最好的政治，而最好的政治在于让百姓生活美好。所谓善政，就是端正德行、物尽其用、厚待民众。用美好来规劝民众，用礼义来教导民众。

8. 天时不如地利，地利不如人和。

【注释】该句出自《孟子·公孙丑下》。意思是：有利的时机和气候不如有利的地势，有利的地势不如人心所向，上下团结。孟子把“人和”看作事物成败的关键所在。在这里，“人和”强调的是管理者和民众同心同德、上下一心。

9. 必须先存百姓，若损百姓以奉其身，犹割股以啖腹，腹饱而身毙。

【注释】该句出自唐代吴兢《贞观政要·君道》。大意是：君王治理国家，心中必须先有百姓。如果靠损害百姓的利益来满足自身，就如同割自己腿上的肉去填肚子，肚子饱了自己也死了。民本思想是我国古代政治哲学中最重要最精彩的内容，强调治理国家必须先让百姓安居乐业。以民为本的传统治国理念是古人治国理政的智慧。

10. 衙斋卧听萧萧竹，疑是民间疾苦声。些小吾曹州县吏，一枝一叶总关情。

【注释】该句出自清代郑板桥《潍县署中画竹呈年伯包大中丞括》。当时山东遭大灾，潍县特别严重，百姓生活艰难。为了解决灾民的生活问题，郑板桥搞基建，让百姓参加劳动，管饭吃，用这种办法解决灾民生活困难问题。这首诗表达了郑板桥深切的爱民之情。

四、延伸阅读

中国古代民本思想集萃

民为政之本。

闻之于政也，民无不为本也。国以为本，君以为本，吏以为本。故国以民为安危，君以民为威侮，吏以民为贵贱，此之谓民无不为本也。闻之于政也，民无不为命也。国以为命，君以为命，吏以为命。故国以民为存亡，君以民为盲明，吏以民为贤不肖，此之谓民无不为命也。闻之于政也，民无不为功也。故国以为功，君以为功，吏以为功。国以民为兴坏，君以民为强弱，吏以民为能不能，此之谓民无不为功也。闻之于政也，民无不为力也，故国以为力，君以为力，吏以为力。故夫战之胜也，民欲胜也；攻之得也，民欲得也；守之存也，民欲存也。故率民而守，而民不欲存，则莫能以存矣。故率民而攻，民不欲得，则莫能以得矣。故率民而战，民不欲胜，则莫能以胜矣。故其民之为其上也，接敌而喜，进而不能止，敌人必骇，战由此胜也。夫民之于其上也，接而惧，必走去，战由此败也。故夫灾与福也，非粹在天也，必在士民也。呜呼，戒之戒之！夫士民之志，不可不要也。呜呼，戒之戒之！

（节选自贾谊《新书·大政》）

天下为主，君为客。

古者以天下为主，君为客，凡君之所毕世而经营者，为天下也。今也以君为主，天下为客，凡天下之无地而得安宁者，为君也。是以其未得之也，屠毒天下之肝脑，离散天下之子女，以博我一人之产业，曾不惨然，曰："我固为子孙创业也。"其既得之也，敲剥天下之骨髓，离散天下之子女，以奉我一人之淫乐，视为当然，曰：“此我产业之花息也。”然则为天下之大害者，君而已矣！

（节选自黄宗羲《原君》）

第三节　中国古代法治思想

一、主要内容分析

法治是现代文明的制度基石。法治兴则国家兴，法治衰则国家衰。古往今来，法治是治国理政不可或缺的重要手段，但是，法治也不是万能的，治国仅靠法治是不够的。法律的有效实施依赖道德的支持，道德的实现也离不开法律规范。在法律难以控驭的领域，道德可以发挥作用，而道德无力约束的行为，法律则可以惩戒。治理国家，需要法治与德治相互补充、相互促进。

二、教育教学中传统文化相关问题

“德治”与“法治”的思想。法治和德治是治国理政不可或缺的两种方式，只有让法治和德治共同发挥作用，才能使法律与道德相辅相成，做到法安天下，德润人心。我国古代思想家主张礼法合治、德主刑辅，给人们以重要启示。“礼法合治、德主刑辅”在历史上为国家的长治久安、社会的和谐稳定起到积极的作用，也为当今推进依法治国与以德治国有机结合提供了重要的思想文化资源。在现代社会中，法治和德治是治国理政不可或缺的两种方式，如车之两轮，鸟之两翼，忽视其中任何一个，都将难以实现国家的长治久安。同时需要注意的是，法治与德治的地位有所不同，法治是治国理政的基本方略，具有根本性、决定性和统一性，而德治是治国理政的重要方式。显然，现代法治与德治的结合关系区别于我国封建社会的“德主刑辅”的治理方式。

三、中华优秀传统文化集萃

1. 立善法于天下，则天下治；立善法于一国，则一国治。

【注释】该句出自北宋王安石《周公》。大意是，在天下制定好的法令制度，天下就会太平；在一国制定好的法令制度，一国就能安定。针对北宋当时的政治、经济状况，王安石认为问题的症结在于缺少明确的法度。他强调立法，而且强调立“善法”，指出要使法“善”，就必须实行改革。何谓善法？善法一定是使百姓受惠，而惩治奸邪。

2. 国不可无法，有法而不善与无法等。

【注释】该句出自清代沈家本《寄簃文存》。大意是，一个国家不仅要有法，而且必须是善法，否则就相当于没有法。沈家本强调法律在治国中的作用，认为如果一个国家无法可循，就一定不会长治久安，即使有了善法还得坚决执行，否则法同虚设，强调了执行法的重要性。

3. 法必明，令必行。

【注释】该句出自战国商鞅《商君书·画策》。大意是说，要重视法度，法律一定要公正严明，颁布的法令必须有效执行，这样国家才能够强盛起来。商鞅强调“法必明，令必行”，使秦国迅速跻身强国之列，最终促成了秦始皇统一六国。历史和现实都告诉我们，法治兴则国兴，法治强则国强。

4. 法不阿贵，绳不挠曲。

【注释】该句出自《韩非子·有度》。大意是，法律要时刻保持公正，不能偏袒权贵，否则法律将形同虚设；墨线不向弯曲的地方倾斜，如果墨线没有拉直，木匠活也就无法正常进行。韩非认为惩罚和奖赏应一视同仁，不因人的地位不同而区别对待，每个人在法律面前都是平等的，没有地位高低之分。该句强调的是法律的公正性问题。

5. 徒善不足以为政，徒法不能以自行。

【注释】此句出自《孟子·离娄上》。意思是，仅有善心不足以用来治理好国政，仅有法度不能自行实施。这句话道出了道德和法律各自的局限性以及两者之间互补相济的关系。作为国家和社会治理的重要手段，法律与道德不可或缺，法治与德治不可偏废，对于我们在今天恰当地看待法治与德治的关系，具有深刻的启示意义。

6. 礼者禁于将然之前，而法者禁于已然之后。

【注释】此句出自西汉贾谊《治安策》。意思是，实行礼治是在事情没有发生之前就将它禁止，而实行法治是在事情发生之后才去制止。贾谊认为，礼与法两者互为表里，各有侧重，礼侧重于教化，可防患于未然，其功用在于"劝善"；法侧重于处罚，惩戒于已然，其功用在于"惩恶"。在一定意义上，道德是预防性的，它着眼于人的私欲之未萌；而法律是事后约束性的，具有滞后性。

7. 天下之事，不难于立法，而难于法之必行。

【注释】该句出自明代张居正《请稽查章奏随事考成以修实政疏》。意思是，天下大事，困难的不在于要制定什么法律，而在于立了法就一定要执行。作为富有经验和智慧的政治家，张居正深知有法必依的重要性和执行当中的困难。法律的生命力在于实施，法律的权威也在于实施。

8. 道私则乱，道法则治。

【注释】该句出自《韩非子·诡使》。意思是，遵循私道治国，国家就动乱；遵循法度治国，国家就安定。国治国乱的对比，对应着法行法弛的不同，清晰阐明了法律实施的重要性。

9. 法立，有犯而必施；令出，唯行而不返。

【注释】该句出自唐代王勃《上刘右相书》。大意为：法律一经制定，凡有违犯者，必须实施惩治；法令一经发出，只有坚决执行，决不能违反。指出了法律的严肃性及建立法律威信的重要性。法律不能朝令夕改，这关系到法律制度的信誉。

10. 法令既行，纪律自正，则无不治之国，无不化之民。

【注释】该句出自北宋包拯《上殿札子》。意思是，只要法令畅通，纪律和风气自然清正，那么就没有治理不好的国家，也没有不能教化的民众。针对当时有法不依、执法不明的弊端，包拯指出法令是固国之本。包拯以其法治主张及执法如山的法治实践，给后人提供了极为珍贵的历史借鉴。

四、延伸阅读

道德入律、改恶劝善彰显了中华法系的价值

中国是沿着由家而国的路径进入文明社会的，氏族社会末期因血缘纽带而形成的宗法伦常关系，成为最重要的社会关系和最基本的人伦道德。在儒家势盛的汉代，通过说经解律和引经注律，使得三纲五常之类的道德规范入律。

一方面，道德的法律化，多少改变了法律凛然而不可近的威严，使百姓由畏法而敬法，而守法，提升了人们遵守法律的自觉性，也提高了法律的权威性。另一方面，法律的道德化，法由劝善而兼止恶，使遵守道德的义务与遵守法律的义务相统一，违背了法律化的道德，也要受到法律的制裁。这就是为什么早在夏朝便出现了“不孝罪”，汉以后的刑法典中对于不忠、不孝、不悌、不敬长、不睦、不义、不廉、不信等道德规范都列为法律规范，甚至成为十恶重罪。这对于提高中华民族的道德素质也起了某种强制的作用，明刑弼教的价值就在于此。道德入律，改恶劝善也彰显了中华法律文化的特殊性、典型性和中华法系的价值。

中国古代的政治家、思想家在论及治国须有法的同时，又不厌其详地阐述只有良法，才能治国。然而，中国古代即使是良法也旨在维护上下尊卑不平等的法定权利，即使是良法也是“生于君”，而非“生于民”，如同黄宗羲所说，是“一家之法”而非“天下之

法”，以致皇帝颁发的敕、令、诏、谕都具有最高的法律效力。所以在肯定古代良法积极性的同时，也要看到其历史的和阶级的局限性。

［节选自张晋藩. 立善法于天下，则天下治. 人民周刊，2019（05）：72-73］

第四节　中国古代朴素生态文明思想

一、主要内容分析

5000 多年的中华文明孕育着丰富的人与自然和谐相处的生态文化。古代先民提出了“仁，爱人以及物”“德至禽兽”“泽及草木”“恩至于土”“恩至于水”“德及深泉”、仁为“天地生物之心”“与天地万物为一体”等理念；诸子百家对于动物、植物、土地、山脉、河流也都有系统的生态性认识。就是儒家大同社会思想中也包含生态平衡的内容。这些思想都是我们当前生态文明建设的有益文化滋养。

二、教育教学中传统文化相关问题

中国古代朴素生态文明思想。我国古代圣贤对天、人、地相互关系已经有深刻的认识，有丰富的哲学思考和理念。古圣昔贤从遵循自然时节变化，尊重自然规律的角度，提出过极为丰富的生态文明观，主流是天人合一：认为人类要尊重万物，友善对待自然，方能与自然万物和谐共生。天人合一思想的实质就是既要注意发挥人的主观能动性，改造自然和利用自然，又要尊重自然界的客观规律，在保护好自然资源的基础上进行人类的生活和生产活动。中国自古是农业社会，土地是农业的根本，古人非常重视养护土地，提出了种地与养地相结合的观点。儒家从"仁民爱物"的价值观出发，要求统治者按季节节律来役使民众，避免对土地的超负荷使用。另外，反对采取灭绝性的手段开发利用自然资源。体现出传统文化中保护生态环境、维护生态平衡、永续利用自然资源的观念。

三、中华优秀传统文化集萃

1. 人法地，地法天，天法道，道法自然。

【注释】该句出自《老子·第二十五章》。大意是：人遵循地球的法则，地球遵循宇宙的法则，宇宙遵循大道的法则，道遵循自然的法则。也就是万事万物都要遵循它的法则，不能违背。道家创始人老子强调要以尊重自然规律为最高准则。人只是茫茫宇宙中的一员，在做任何事时都要以遵循自然为前提，不得破坏自然和谐。

2. 草木荣华滋硕之时，则斧斤不入山林，不夭其生，不绝其长也；鼋鼍、鱼鳖、鳅鳝孕别之时，罔罟、毒药不入泽，不夭其生，不绝其长也。

【注释】该句出自《荀子·王制》。大意是：草木开花生长之时，不能进山林砍伐，不能砍伐幼苗，不能断绝它们的生长。鼋（大鳖）、鼍（扬子鳄）、鱼、鳖、泥鳅、鳝鱼等怀孕产卵之时，不能将渔网或毒药投入水中，不能捕杀幼鱼、幼鳖，不能断绝它们的生长。古人一直很重视人与自然的关系，天人合一等思想都是在强调人要与自然万物和谐相处。自然资源并非取之不尽、用之不竭，古人对自然取之以时、取之有度的思想，在今天仍然具有启示意义。

3. 劝君莫打枝头鸟，子在巢中望母归。

【注释】该句出自唐代白居易的《鸟》。全诗："谁道群生性命微？一般骨肉一般皮。劝君莫打枝头鸟，子在巢中望母归。"该句以幼鸟盼望母鸟的动人情景，提出人类应善待动物的劝诫，劝导人们爱惜自然生灵，表现出诗人的善良、仁爱之心以及对生命的尊重。生命没有高低贵贱之分，世间万物与人类一样，都是有生命的，不能伤害它们，体现了古人质朴睿智的自然观。

4. 混沌凿窍

【注释】出自《庄子·应帝王》里的一个故事。相传混沌为南海与北海之间的帝王，没有常人有的七窍，当开凿七窍后即死。这是2000多年前庄子对人类发出的警告，表明人们对自然不能无度的使用、无序的开发，不能破坏它的平衡，要顺其自然。当今人类社会发展也应该从老庄的道家思想中吸取生存智慧。

5. 致中和，天地位焉，万物育焉。

【注释】该句出自《中庸》。意思是，达到“中和”的境界，天地就各在其位，万物就生长繁育。中和意味着对自然界和人类社会的行为做法都应该不偏不倚、不能过度，那么天地万物，都能各安其所，各遂其生。

6. 子钓而不纲，弋不射宿。

【注释】该句出自《论语·述而》。大意是：君子钓鱼而不用网去捕鱼，射鸟不在他们睡觉的时候。孔子的这句话，主要反映了古人仁义施及禽兽的理念和在取用自然资源时，常怀有珍惜爱护之心的生态观念。中国先民早就认识到了生态环境的重要性，对自然要取之以时、取之有度。

7. 竭泽而渔，岂不获得？而明年无鱼；焚薮而田，岂不获得？而明年无兽。

【**注释**】该句出自《吕氏春秋·义赏》。意思是，用把水池排干的办法来捉鱼，眼下当然有收获，但明年就无鱼可捕了；用把树林烧光的办法来打猎，眼下当然有收获，但明年就没有猎物可打了。这段话包含着一个极其重要的理念，用现代话语来表述，就是可持续发展。

8. 取之有度，用之有节。

【**注释**】该句出自《资治通鉴·唐纪五十》。大意是，土地能够提供的资源是有限的，所以人们对土地的索取也应该有一定的“度”，应该有所节制。宰相陆贽的这段话是用来劝谏唐德宗要懂得量入为出，让土地和人民都能够得到休养生息，这才是国富民强的长久之计。

四、延伸阅读

传统文化中的生态文明观念

天、人、地的系统观。中华传统文化中的生态建设思想体现在“天人合一”的价值观念之中，探究人与自然之间的结构关系以及人与自然的相处之道。儒家传统思想认为，天地在世界万物中居于根本地位，所谓“天地者，生之本也”（《荀子·礼论》），天地只有在与人彼此感应贯通的交互过程中才能实现“天人合一”；孟子也指出“尽其心者，知其性也。知其性，则知天矣”（《孟子·尽心上》），通晓人心、明了人性也就认识了天性；董仲舒则以“天人感应”为基础阐释了“天人合一”思想，指出“天人并生”（《春秋繁露·阴阳义》），自然与人相互依存、共同发展；张载认为“儒者则因明致诚，因诚致明，故天人合一”（《正蒙·乾称》），天性可与人性相通，只有顺应自然万物、尊重客观规律才能实现“天人合一”；王阳明则指出“盖天地万物与人原是一体”（《传习录·门人黄省曾录》），借助人心才能实现人与宇宙万物的交融统一。在道家看来，世界万物的本源都可以追溯至“道”，无论是作为个体存在的人，还是作为精神存在的“天”，都源自“道”这一本体。庄子在《齐物论》中认为，因为“我”与这天地共存，才能实现世间万物合一；只有明晰无为乃天地之根本，才能实现人与自然共生共存。

中国古代长期处于农业社会，万千农民以农为本、靠天吃饭，对气候、土壤、节气等极为依赖，所以人们在与生态环境互动的过程中将尊重自然规律放在首位。同时，中国古代农业生产的效率低下，极易遭受环境影响而呈现较大不稳定性，这使得强本节用、反对浪费、崇尚俭朴的思想观念盛行。

［节选自张亚琴. 中国传统文化中的生态文明建设思想探析. 文化学刊，2021（02）：28-30］

第五节　中国古代天下观

一、主要内容分析

“大道之行也，天下为公”，中华文明历来主张天下大同、协和万邦。自古以来中国人的终极追求是天下平、万民安的理想。最大的道是天下，最终的梦是大同。所以先贤留下了“先天下之忧而忧，后天下之乐而乐”“天下兴亡，匹夫有责”“安得广厦千万间，大庇天下寒士俱欢颜”等胸怀天下的格言；“君子义以为上”“君子视思明，言思忠”“以正胜邪，以直胜曲”“敬以直内，义以方外”是传统文化中人际交往的原则。今天世界正在经历百年未有之大变局，持久和平、普遍安全、共同繁荣、开放包容、清洁美丽是全人类最朴素、最真诚的愿望。中国特色大国外交高度重视中华文化基因的传承创新。

二、教育教学中传统文化相关问题

“以和为贵”的邦交观念。中华文明五千多年，始终崇尚和平、和谐理念，提出“国虽大，好战必亡”的箴言。老子指出“大者宜为下”“大国者下流，天下之交，天下之牝”，最早反对大国对小国倚强凌弱。唐代对外交往频繁，唐高祖李渊明确主张，对周边邻国应“尽抚育之方”“宏仁恕之道”。浩浩丝路长歌，“万国衣冠会长安”的盛世景象，是中国古代历史上对外交流交往的写照。西汉时期，汉武帝派张骞出使西域，受到沿路各国欢迎。西域各国也派使者，带着珍贵礼物来到长安，与汉朝建立联系。西域特有的葡萄、石榴等作物，先后传入汉朝。汉朝的漆器、丝绸等，还有掘井、冶炼等技术陆续传到西域各国。汉朝到中亚的商路被称为“丝绸之路”。唐朝的长安城热闹繁盛，是世界上著名的大都市，国际往来频繁，有不少外国的留学生在长安学习汉文化。与此同时，唐朝的绘画、舞蹈等艺术吸收了外国的技巧和风格。到了16世纪，中外友好交流的氛围给西方传教士利玛窦留下了深刻印象。他指出，中国物产丰富，有装备精良的陆军和海军，但从未想过发动侵略战争。中国历史上曾经长期是世界上最强大的国家之一，但没有留下殖民和侵略他国的记录。对和平的渴望和追求是中华民族的文化传统。

三、中华优秀传统文化集萃

1. 己所不欲，勿施于人。

【注释】该句出自《论语·卫灵公》。原文："子贡问曰：有一言而可以终身行之者乎？子曰：其恕乎！己所不欲，勿施于人。"大意为，子贡问：有没有一句可以终身奉行的话呢？孔子答道：应该是恕吧。自己不愿意做的事情，就不要强加到别人身上。自己所不想要的事物，就不要强加给别人。该句既是中华文明的内在品格，也代表着中国对世界秩序的想象。

2. 物之不齐，物之情也。

【注释】该句出自《孟子·滕文公上》。大意是：物品千差万别，这是由各自不同的属性决定的。如果把它们放在一起用一个标准看待，就是扰乱天下。文明交流、交融是一种必然，只有理解和接受万事万物的本性有所不同，才能以开放包容的心态进行交流沟通、开展国际合作。

3. 五色交辉，相得益彰；八音合奏，终和且平。

【注释】该句出自冯友兰《国立西南联合大学纪念碑碑文》。大意是，多种颜色交相辉映，在互相映衬下更加彰显；各种声音一起合奏，在彼此交响中达到平衡与和谐。中国自古就是大国，辽阔的疆域包括了许多不同的人文地理，也造就了中国人对于多样性文化兼容并包的态度。多样性不是这个世界的麻烦，而是这个世界丰富多彩的根源。

4. 和羹之美，在于合异。

【注释】该句出自陈寿《三国志·夏侯玄传》。意思是，制作羹汤的美味，在于调和各种不同的滋味。比喻尊重事物的多样性，致力于多样性的和谐共生。治理国家、国际交往要能够相互帮助和促进，团结互助才能把国家和世界治理好。

5. 智者察同，愚者察异。

【注释】该句出自《黄帝内经·素问·阴阳应象大论》。该句原本讲的是养生之道，在哲学上也反映出两种截然相反的观察世界的方法，其结果也大不相同。智者察同，就会互相包容，求同存异，获得共赢；愚者察异，就会制造矛盾，失道寡助，导致失败。

6. 立天下之正位，行天下之大道。

【注释】该句出自《孟子·滕文公下》。大意是，住在天下最宽广的住所——“仁”里，站在天下最正当的位置——“礼”里，走在天下最光明的大道——“义”里。表明天下为公、兼济苍生的志向。

7. 国不以利为利，以义为利也。

【注释】该句出自《礼记·大学》。大意是，治理国家不应以财富为利益出发点，应该以仁义为着眼点。这是儒家一贯的义利观，在治理国家和国际交往中都应以义为先。

8. 穷则独善其身，达则兼济天下。

【注释】该句出自《孟子·尽心上》。大意是，不得志时要修养好自身，得志时要努力让天下人都能受益。孟子所说的这句话，是传统中国的“内圣外王”之道，体现了中华民族所崇尚的品德和胸怀。

四、延伸阅读

法门寺的琉璃器

法门寺位于陕西省宝鸡市扶风县城北10公里处的法门镇，始建于东汉末年，被称为“关中塔庙之祖”。重建新塔、清理塔基时，意外发现地宫，其中有20多件琉璃器。

琉璃器自公元3世纪传入我国后，长期以来，一直被认为是比金银器还珍贵的物品。地宫中出土的琉璃器，既有琉璃瓶，也有琉璃盘，还有茶杯和茶托，以伊斯兰样式居多，分别由东罗马、西亚和中国制造，是中西交通和文化交流的重要佐证，文物价值极高。

文明之间的交流互鉴，既让中国文化远播世界，也促进了各国文化和物产传入华夏。文明因交流而多彩，文明因互鉴而丰富。文明是多彩的，人类文明因多样才有交流互鉴的价值；文明是平等的，人类文明因平等才有交流互鉴的前提；文明是包容的，人类文明因包容才有交流互鉴的动力。只要秉持包容精神，就不存在什么“文明冲突”。

（节选自人民日报评论部. 习近平讲故事. 人民出版社，2017）

主要参考文献

艾汶. 王阳明十大经典语录. 金秋，2016（22）：31-32.

白立强. 试论构建社会主义和谐社会的理论基础. 南方论刊，2006（03）：13-16.

北京大学哲学系中国哲学史教研室. 中国哲学史教学资料选辑. 中华书局，1981.

卜宪群，梁仁志. 从中国历史看对外开放. 红旗文稿，2020（07）：43-47.

卜晓军，任保平. 中国古代的朴素生态文明思想及其实践. 光明日报，2009-06-16（012）.

陈来. 论中华民族爱国主义的精神. 哲学研究，2019（10）：11-19+127.

陈来. 民族感情和文化价值的水乳交融. 北京日报，2020-02-10（011）.

陈卫平. 论中国传统历史观的唯物史观胚芽. 华东师范大学学报（哲学社会科学版），2001（05）：115-124+146-221.

陈扬勇. 如何讲好“构建人类命运共同体”的中国故事：学习习近平总书记关于构建人类命运共同体的重要论述. 党的文献，2018（04）：3-8.

陈瑛，温克勤，唐凯麟，等. 中国伦理思想史. 贵阳：贵州人民出版社，1985.

陈泽环. 核心价值观的文化自主性与根基性. 道德与文明，2014（05）：16-20.
陈忠宁. 传统和合思想与中国社会发展研究述评. 江西师范大学学报（哲学社会科学版），2010，43（02）：9-14.
程颢，程颐. 二程集. 王孝鱼点校. 北京：中华书局，1981.
程小芬. 乡村振兴视阈下新乡贤培育研究. 长安大学，2020.
丁金胜. 传统文化与现代化. 中国特色社会主义：理论·道路·事业——山东省社会科学界2008年学术年会文集（1），2008.
东红. 习近平用典对学术期刊编辑出版的启示. 黎明职业大学学报，2021（01）：10-14.
范富. 中国古代和谐社会思想简论. 前进，2008（05）：18-20.
冯凯. 马克思文化思想的形成背景、理论基础和当代价值. 鲁东大学学报（哲学社会科学版），2021，38（02）：63-71.
公茂虹. 读懂中国梦. 北京：人民出版社，2013.
龚书铎. 中国近代文化概论. 北京：中华书局，1997.
古大勇，魏继洲. 五四新文化运动言说语境中的“偏激”修辞：以钱玄同等为中心. 湖北社会科学，2010（11）：121-124.
关丽萍，张书媛. 社会主义核心价值观融入高校文化建设的思考. 黄冈职业技术学院学报，2021，23（01）：60-62.
郭丽兰. 携手合作捍卫世界和平发展. 南方日报，2015-10-17（F02）.
韩立国. 高校思政课立德树人研究. 经济研究导刊，2020（36）：103-104+113.
韩星，单长城. 礼法合治、德主刑辅、王霸结合：汉代国家治理模式的确立及其现实意义. 孔子研究，2019（06）：19-27.
何小杰. 立足中国优秀传统文化 弘扬和践行社会主义核心价值观. 社科纵横，2018，33（12）：25-27.
侯静雅. 浅论孙中山的大同伦理思想. 科教导刊（中旬刊），2012（18）：80-81.
侯明. 构筑社会主义和谐社会的文化根基. 南开大学，2009.

黄朴民．刀剑书写的永恒：中国传统军事文化散论．北京：国防大学出版社，2002.

黄信．论马克思主义哲学与中国传统哲学的相类关系．福建论坛（社科教育版），2009，7（02）：65-66.

黄延敏．历史的接力与时代的诉求：中国共产党的诞生．党史文汇，2011（01）：11-17.

黄延敏．中国共产党继承弘扬中华优秀传统文化的理论与实践．北京：学习出版社，2016.

教育部社科司．中国哲学与辩证唯物主义．北京：高等教育出版社，1998.

李国娟．中华优秀传统文化与马克思主义中国化．上海：文汇出版社，2015.

李记全，谭泽媛．推进新时代公民道德建设路径浅析．济南职业学院学报，2020（06）：97-100.

李洁．后疫情时代的网络爱国主义教育研究．北京科技大学学报（社会科学版），2021，37（01）：6-11.

李克臣．文化自觉、“士志于道”与尚礼精神：《文学的道与道的文学：“礼失求诸野”论纲》前言．辽东学院学报（社会科学版），2020，22（01）：44-54.

李宁．以人民为中心发展思想的哲学意蕴．岭南学刊，2021（01）：111-115+122.

李慎明．习近平和平发展道路战略思想的文化传承与创新．理论与评论，2018（01）：6-13.

李慎明．习近平新时代中国特色社会主义外交思想与中华优秀传统文化．毛泽东研究，2018（02）：11-18.

李亚军．大同思想中社会主义因素发展初探．中共中央党校，2005.

立早．从《天论》篇看荀子的唯物主义自然观．郑州大学学报（哲学社会科学版），1974（03）：66-72.

廉伟，廉永杰．边界守护、伦理关涉、本土观照：新时代中国共产党政德建设的方法论进路. 西安交通大学学报（社会科学版），2021，41（01）：102-108.
梁启超. 敬业与乐业. 思维与智慧，2013（14）：34-35.
林小明，谢进伟. “抗疫精神”融入新时代大学生生涯与就业指导教育的价值与路径研究. 教师教育论坛，2021，34（05）：93-97.
林于良. 新时代青年爱国主义教育常态化机制研究. 黑河学刊，2021（01）：68-70.
刘春雷. 老子辩证法思想的现代诠释. 青岛农业大学学报（社会科学版），2007（01）：57-59.
刘德中. 不断推进马克思主义理论的发展创新：访中国人民大学陈先达教授. 马克思主义理论学科研究，2021，7（04）：4-15.
刘汉俊. 重民本. 北京：人民出版社，2016.
刘树升. 习近平生态文明思想的文化根基、理论渊源和现实依据. 山东省社会主义学院学报，2019（06）：42-48.
刘晓春. 论“天人合一”思想与当代科学发展观. 前沿，2005（12）：195-197.
卢莹莹. 历史融入与时代回应：百年大党“人民创造历史”的唯物史观考察. 西藏发展论坛，2021（04）：5-11.
卢志丹. 毛泽东点评历史人物. 北京：人民日报出版社，2016.
鲁褒. 钱神论. 名作欣赏，1985（01）：74-75.
潘岳. 和谐社会与环境友好型社会. 环境经济，2006（08）：10-21.
逄晓枫，刘晓莉. 中国传统法律文化的特质：礼法合流. 管子学刊，2014（02）：47-51+69.
蒲顺利. 试论马克思主义中国化的思想根源. 知识经济，2011（23）：71.
曲青山. 中国共产党执政的历史经验. 历史研究，2021（02）：4-13.
人民日报评论部. 习近平用典. 北京：人民日报出版社，2015.
人民日报评论部. 习近平讲故事. 北京：人民出版社，2017.
人民日报评论部. 习近平用典：第二辑. 北京：人民日报出版社，2018.

任真. 国企行大道 铸魂精气神. 企业文明，2017（08）：32-36.
沙健孙. 毛泽东论中国共产党的创建. 红旗文稿，2021（04）：14-18.
沈冠东. 论设计的文化传播功能. 盐城师范学院学报（人文社会科学版），2012，32（04）：81-84.
沈秀敏. 和合而兴：论我国社会发展与和合思想. 毛泽东思想研究，1998（01）：98-101.
施一墨. 历史是最好的教科书. 中国社会科学报，2020-09-30（001）.
石清俊. 简述我国古代先秦时期的和谐思想. 齐齐哈尔大学学报（哲学社会科学版），2006（01）：5-7.
随芳芳. 在“希望的田野”上，见证中国乡村脱贫历程. 广电时评，2020（ZA）：46-48.
孙明春. 法者治之端也. 前线，2015（02）：114-117.
唐凯麟. 孙中山的伦理思想述要：纪念孙中山诞辰140周年. 伦理学研究，2006（06）：7-13.
王东，张凤华. 习近平理想信念建设重要论述的理论渊源考察. 中共济南市委党校学报，2020（05）：20-25.
王杰. 五刑不如一耻：中国文化中的廉耻观. 中国领导科学，2018（05）：107-110.
王立群. 为民请命的人. 民主，2017（04）：32-35.
王利明. 法治：良法与善治. 中国人民大学学报，2015，29（02）：114-121.
王利明. 善治是法治之目标. 北京日报，2015-06-08（017）.
王雪军. 老子哲学中的朴素辩证法思想. 吉林工程技术师范学院学报，2003（01）：36-39.
王泽应. 中国和平主义伦理论纲. 求索，2018（03）：177-187.
韦伟. 实践课堂：“教师本位”校本培训的有效场域. 新语文学习（教师版），2013（05）：119-122.

习近平. 青年要自觉践行社会主义核心价值观：在北京大学师生座谈会上的讲话. 北京：人民出版社，2014.
习近平. 习近平谈治国理政. 北京：外文出版社，2014.
习近平. 在纪念红军长征胜利 80 周年大会上的讲话. 北京：人民出版社，2016.
习近平. 在纪念孙中山先生诞辰 150 周年大会上的讲话. 北京：人民出版社，2016.
习近平. 习近平谈治国理政：第二卷. 北京：外文出版社，2017.
习近平. 在纪念马克思诞辰 200 周年大会上的讲话. 北京：人民出版社，2018.
习近平. 在纪念五四运动 100 周年大会上的讲话. 北京：人民出版社，2019.
习近平. 深化文明交流互鉴 共建亚洲命运共同体：在亚洲文明对话大会开幕式上的主旨演讲. 北京：人民出版社，2019.
习近平. 为实现民族伟大复兴 推进祖国和平统一而共同奋斗：在《告台湾同胞书》发表 40 周年纪念会上的讲话. 北京：人民出版社，2019.
习近平. 习近平谈治国理政：第三卷. 北京：外文出版社，2020.
习近平. 在纪念中国人民抗日战争暨世界反法西斯战争胜利 75 周年座谈会上的讲话. 北京：人民出版社，2020.
习近平. 习近平重要讲话单行本：2020 年合订本. 北京：人民出版社，2021.
《习近平用典》选读. 祖国，2016（13）：56.
肖莉. 培养青年美术人才的中国精神. 湖北经济学院学报（人文社会科学版），2021，18（06）：126-127.
杨伯峻. 论语译注. 北京：中华书局，1980.
杨菲，郑亚辉. 浅谈中国古代的和谐思想与当今和谐社会之联系. 天府新论，2008（S1）：3-4.
杨红光. 云播智慧. 当代长篇小说选刊，2021（03）：115-222.
杨连爽. 中国传统唯物论与马克思主义唯物论联系的思考. 山西青年，2013（18）：201.

杨玉凤. 儒家“和”思想对新时期统战工作的启示. 龙岩学院学报，2010，28（03）：67-72.

杨志臣. 批判资本逻辑的四种路向：兼论马克思历史唯物主义的现实意义. 教学与研究，2016（09）：21-28.

杨志玲. 铸牢中华民族共同体意识的哲学意蕴. 理论视野，2021（02）：29-35.

余学新. 试析“和谐社会”论的传统文化渊源. 湖北省行政管理学会2006年年会论文集，2007.

俞祖华. 中国古代的和谐思想. 光明日报，2005-02-28

张晶. 生态文明思想蕴含中国传统生态智慧. 意林文汇，2020（11）：63-64.

张敏. 论马克思主义与中国传统文化的结合. 中共中央党校，2012.

张岂之. 中华优秀传统文化经典要义. 西安：太白文艺出版社，2013.

张益玮，陈志宏. 依法治国方略下的德治理念融入：中国特色社会主义道德体系对德治的新转换. 重庆行政（公共论坛），2012，14（04）：65-67.

张兆林. 论中国传统文化的和谐思想精髓. 思想政治教育研究，2006（01）：22-23.

张振. 中国传统文化中的“治国安邦”行政伦理思想. 伦理学研究，2012（05）：77-82.

赵欢. 关于辩证法与形而上学的思考. 马克思主义哲学研究，2018（02）：104-111.

赵莲. 当代中国婚俗改革历程的回顾与展望. 社会福利（理论版），2020（11）：3-8.

赵世超. 黄帝陵是中华文明的精神标识. 陕西日报，2015-10-09（005）.

赵中华. 动物福利的核心是善待生命. 云南农业，2020（11）：10-12.

赵壮道. 中国传统文化与社会主义文化在哲学方面的契合性. 福建省社会主义学院学报，2010（02）：34-37.

震江. 和谐 古哲先贤的社会理想. 国家人文历史，2015（06）：22-23.

中共中央宣传部，中央广播电视总台. 平“语”近人：习近平总书记用典. 北京：人民出版社，2019.

《中国哲学史》编写组. 中国哲学史. 北京：人民出版社，2012.

《中国政治思想史》编写组. 中国政治思想史. 北京：高等教育出版社，2012.

周桂钿. 儒学新论. 新视野，2005（02）：63-66.

朱荣英. “多元性诉求”抑或“普遍中生长”？：当代马克思主义哲学研究范式与路径选择问题透析. 周口师范学院学报，2011，28（01）：103-108.

朱正平. 从“崇公抑私”到“尚公重私”：儒家公私观的现代转化. 东方论坛，2012（03）：23-28.

后　记

中国特色社会主义传承中华民族五千多年悠久文明，具有深厚的历史渊源和广泛的现实基础。加强中华优秀传统文化的研究、宣传和教育，对于培育和践行社会主义核心价值观、坚定不移走中国特色社会主义道路、实现中华民族伟大复兴的中国梦，具有重大而深远的现实意义。高校不仅担负着对大学生进行科学文化教育的重要任务，也承担着思想政治教育的重要任务。将中华优秀传统文化融入教育教学中，既可以提高思想政治教学效果，也是传承中华优秀传统文化的必然要求。2015 年，我们承担山东省社会科学规划高校思想政治理论课教育研究专项“中华优秀传统文化融入思想政治理论课教育教学研究”（15CSZJ26）。本书是项目负责人及团队成员基于广泛调研和教学实践，将中华优秀传统文化融入思想政治教育教学中的实践和心得编辑成此书，力图构建“中华优秀传统文化融入大学生思想教育教学”的有效模式，提升大学生的人文素养，促进灿烂的中华优秀传统文化的传承。

本书由赵文静承担主要编写工作，负责拟定大纲，统改和最后定稿全书。其中第一章“传统文化融入大学生思想道德教育”由卢凤菊统稿，参加编写的有杨建萍、于兴梅、周美荣；第二章“传统文化融入马克思主义基本原理教育”由丁大尉统稿，参加编写有邢瑞煜、王毅、滕松梅、高常营；第三章“传统文化融入中华民族反帝反封建斗争史教育”由赵文静统稿，参加编写的有马晓丽、杨志娟、刘小宁、陈惠春、张志平、赵红；第四章“传统治理智慧在现代化治理中的传承”由赵文静统稿，参加编写的有吴小妮、侯建明、李全生、郑炜、张韶云、朱明、侯娟娟。

本书在编写过程中，参考、引用、收录了历史文献、相关著作、研究论文、报刊网络，吸收其研究成果，在此向相关作者一并表示感谢。

由于编者水平有限，本书的编写难免有错漏和不足，恳请同人和读者批评指正。

2021 年 3 月